日语专业核心课程教材

日本概况

主编◎张正军

華東理工大學出版社
EAST CHINA UNIVERSITY OF SCIENCE AND TECHNOLOGY PRESS
· 上海 ·

图书在版编目(CIP)数据

日本概况：日文／张正军主编. — 上海：华东理工大学出版社，2023.1

ISBN 978-7-5628-6730-2

Ⅰ.①日… Ⅱ.①张… Ⅲ.①日语－自学参考资料②日本－概况 Ⅳ.①H36

中国版本图书馆CIP数据核字(2022)第105169号

项目统筹／朴美玲
责任编辑／朴美玲
责任校对／石　曼
装帧设计／徐　蓉
出版发行／华东理工大学出版社有限公司
地址：上海市梅陇路130号，200237
电话：021-64250306
网址：www.ecustpress.cn
邮箱：zongbianban@ecustpress.cn
印　　刷／杭州日报报业集团盛元印务有限公司
开　　本／710mm×1000mm　1/16
印　　张／11
字　　数／318千字
版　　次／2023年1月第1版
印　　次／2023年1月第1次
定　　价／40.00元

前言

随着“新文科”建设的推进，学习日语已经不再局限于语言和文学这两个传统领域，学习者不仅要掌握听说读写译的技能，还要理解日本的社会与文化，掌握日本的历史、地理、政治、经济等领域的知识，能阐释、评价中日不同文化现象，恰当地进行跨文化沟通。

《日本概况》是《外国语言文学类教学质量国家标准》中规定的日语专业核心课程，也是学科基础“区域与国别研究”中的重要课程。本教材包括地理、社会、文化、历史、政治、经济、教育、日语语言、日本文学等内容，能让学生较全面地了解日本的国情，为本专业其他课程的学习提供社会文化的背景知识，能扩大学生的国际视野，培养跨文化交流能力、思辨能力，希望读者通过本书的解读和自己的研读，形成自己的“日本像”。

本教材的特点，首先是广度，涉及多学科的人文社会科学，能比较全面地了解日本社会的全貌，全书按照不同的学科领域编排内容；其次是可读性，笔者结合多年的教学经验，考虑到学生查阅汉字读音，特别是专用名词读音的困难，已对汉字全部注音；再次是重视学生自主学习能力的培养，日本概况涉及的知识领域较多，本教材练习中的问答题有助于学生进行探究式的自主学习。

讲好一门课，需要进行课堂设计，杜绝单纯的知识传递。《日本概况》的教学，需要加强对学生课外阅读量和阅读能力的考查，提升课程学习的广度和深度。本教材附有课后练习题，教师可以通过学生的探究式、项目式学习，强化师生互动、生生互动，培养学生的批判性思维能力和查阅资料的能力，为将来撰写毕业论文打下基础。

本教材内容丰富，资料翔实，适合大学日语专业 2、3 年级学生使用。笔者虽然在努力地向读者展现完整的、真实的日本，但因才疏学浅，不当之处在所难免，望读者不吝赐教。

张正军

2022 年 7 月 6 日

目　次

第一章　地理

一　日本の位置と面積

日本はアジア大陸の東にある島国だ。日本とアジア大陸との間にはオホーツク海と日本海と東海、東と南西には太平洋、西には朝鮮半島と中国大陸、南には中国台湾があり、北にはオホーツク海を隔ててロシアのシベリアに向かい合う。日本列島は6,800余りの島々からなっている。北から南へ北海道、本州、四国、九州という四つの大きい島がある。その中で、一番小さいのは四国で、全国面積の5%を占めている。一番大きいのは本州で、全国面積の61%を占めている。沖縄諸島は九州の南にある。沖縄から北海道までの直線距離は3,500 km以上ある。

日本の国土面積は約37.8万km^2あり、それは中国の25分の1に当たる。国土の67%は山地で、その多くは森林に覆われ、農用地は15%、宅地は3%となっている。地形などの自然的特性と地域の産業や歴史的変遷に基づいて、日本の国土は北から北海道、東北、関東、中部、近畿、中国・四国、九州の七つの地方に分けられる。行政上では、日本は1都（東京都）、1道（北海道）、2府（大阪府、京都府）、43県に分けられている。都道府県にはそれぞれ都庁、道庁、府庁、県庁が設けられ、その下に市、町、村の行政機構が設けられている。それらの47の行政区域の中で、面積が一番狭いのは香川県で、北海道の45分の1しかない。一番広いのは北海道で、東京都の37倍もある。

日本列島は数十万年も前はアジア大陸の一部だったが、その後の造山活動で富士山ができて、また陸地の一部が陥没して瀬戸内海や琵琶湖などができて、日本は島になった。日本は環太平洋造山帯にあり、火山も地震も温泉も多い。

表1　県と県庁所在地

地方	県名	県庁所在地	地方	県名	県庁所在地
北海道地方	北海道	札幌	関東地方	東京都	東京
東北地方	青森県	青森		栃木県	宇都宮
	秋田県	秋田		群馬県	前橋
	岩手県	盛岡		茨城県	水戸
	山形県	山形		埼玉県	浦和
	宮城県	仙台		千葉県	千葉
	福島県	福島		神奈川県	横浜
中部地方	新潟県	新潟	中国・四国地方	鳥取県	鳥取
	富山県	富山		島根県	松江
	石川県	金沢		岡山県	岡山
	福井県	福井		広島県	広島
	山梨県	甲府		山口県	山口
	長野県	長野		徳島県	徳島
	岐阜県	岐阜		香川県	高松
	静岡県	静岡		愛媛県	松山
	愛知県	名古屋		高知県	高知
近畿地方	京都府	京都	九州地方	福岡県	福岡
	大阪府	大阪		佐賀県	佐賀
	三重県	津		長崎県	長崎
	滋賀県	大津		熊本県	熊本
	兵庫県	神戸		大分県	大分
	奈良県	奈良		宮崎県	宮崎
	和歌山県	和歌山		鹿児島県	鹿児島
				沖縄県	那覇

二　気候

日本の気候は一般的に温帯海洋性気候に属し、四季の移り変わりがはっきりしている。春（3月から5月まで）になると、大陸から日本海に発達した低気圧が進んでくると、激しい南風が吹く。九州では3月の終わりに桜の花が咲くが、東京では4月の初めに、北海道では5月の初めに咲く。春から夏（6月から8月まで）への変わり目に、高温多湿な小笠原気団と、冷涼湿潤なオホーツク気団との間に、東西に伸びる梅雨前線が日本列島南岸に停滞すると、梅雨がよく降る。梅雨には高温多湿な日が続く。小笠原気団がほぼ日本列島を支配すると、梅雨明けになり、晴天が続く。夏の終わりから秋（9月から11月まで）にかけては、よく台風に襲われる。秋には天気に恵まれ、小春日和の天気が続き、山いっぱいの紅葉が観光の名物になる。そして、寒冷なシベリア気団が訪れると、冬（12月から翌年の2月まで）に入る。

日本は南北に細長い国で、地域によって気温の差が大きい。北海道は亜寒帯性気候に属し、梅雨がなくて、夏は短くて涼しい。冬が長くて雪も多い。本州、四国、九州は温暖湿潤の温帯気候に属する。沖縄諸島は亜熱帯性気候に属し、冬にも暖かい。冬はシベリアからの寒気団が南下し、夏は小笠原諸島からの熱帯気団が北上する。

日本の気候は大きく太平洋式気候と日本海式気候に分けられる。太平洋沿岸気候区は、夏は雨が多く、冬は乾燥する。日本海沿岸気候区は、夏は雨が少なく、冬は雪が多い。

日本は気温と降水量に基づき、四つの気候区が設定される。

(1) 瀬戸内気候区では、季節風が遮られるため、一年中晴天の日が多く、冬も温暖で、降水が少ない。

(2) 内陸気候区では、山岳効果により大気が不安定で、夏と冬の気温の差が大きく、夏は涼しくて冬は寒い。降水量が少ない。

(3) 日本海側気候区では夏には晴天の日が続くが、冬には豪雪が降る。

(4) 南西諸島気候区では、台風の通り道に当たり、夏の降水量が多い。

一年中気温が高い。

日本は島国で、季節風帯にあり、南方からの暖流（黒潮）は、日本を暖かくするが、北方からの千島寒流（親潮）は、日本の東北部を寒くする。このため日本の気候は多雨多湿で、全国の年平均降水量は1,500mmぐらいあり、雨量が最も多い紀伊半島のあたりには4,000mmに達する地域もある。

このようにして、日本の気候の特色は、気温が温暖で、地域によって気温の差が大きく、雨量が多く、四季の移り変わりがはっきりしていることだ。

気候は日本人の生活に大きな影響を与えている。高温多湿な夏には稲作が行われ、稲が日本人の主食で、稲作文化が日本の基層文化だと言われている。冬と春には、涼しい気候に適する小麦が作られる。西南では温帯性の蜜柑や茶が、東北では冷帯性の林檎やジャガイモが栽培される。また、湿度が高いので、和紙や畳など植物性の物が伝統的な建築に多く使われている。

三　交通

日本では、産業の発達とともに交通も発達した。日本の陸上交通には海岸と列島を横切って走る鉄道や自動車道路がある。

日本初の鉄道は1872年にイギリス人技師の指導によって東京の新橋と横浜の間に開通された。鉄道には国鉄（日本国有鉄道）と私鉄（民営鉄道）があったが、1987年に国鉄は民営化されてJR（Japan Railway company）7社になって、六つの旅客会社と一つの貨物会社に分割された。本州と北海道の間には青函トンネル（北海道函館市－青森県青森市）、本州と四国の間には瀬戸大橋、本州と九州の間には関門トンネル（関門海峡の下を通る海底トンネル）が開通し、主要4島は鉄道で結ばれている。

新幹線は「新しい幹線」という意味で、従来のJR路線は在来線と呼ばれる。それはJRグループが運営する日本の高速鉄道で、1964年に開通した東海道新幹線が最初で、全長515.4kmある。東京—名古屋—大阪を結ぶ東海道新幹線は人口の多いエリアで一日に300本以上が走るので、騒音対策を十分に施している。N700S系の車両は安全性、快適性、省エネルギー性、環境への配慮といった要素を最大限に満たしている。それは博多行きの山陽新幹線（新大阪—博多間）に接続して、合わせて「東海道・山陽新幹線」とも呼ばれる。また、新たな路線の開通や最新鋭の技術が投入された新型車両の登場で、ますます注目を浴びている。東北新幹線は東京—新青森間に、上越新幹線は東京・新潟間に、秋田新幹線は盛岡・秋田間に、北陸新幹線は東京・金沢間に開通されている。新幹線には列車自動制御装置（ATC）がついていて、大雨や強風の時にはゆっくり走るか運転を止め、震度4以上の地震では列車が止まるようになっているので、世界で最も安全な鉄道だと言われている。また、旅客サービス、定時運行性、鉄道技術は世界でも優れている。

また、東京、横浜、大阪、京都、名古屋、福岡、神戸、仙台、札幌などの大都市では、都市と郊外を結ぶ地下鉄が整備されている。日本に初めて地下鉄が開通したのは1927年12月30日のことで、東京の浅草から上野までわずか2.2kmだったが、今東京のすべての路線の営業距離を合わせると304kmにまで達した。13路線のうち、9路線は国と東京都によって設立された特殊法人が運営する営団地下鉄で、4路線は東京都が運営する都営地下鉄だ。

高速道路においては、名神高速道路（愛知県小牧市から兵庫県西宮市まで）が1964年に初めて登場し、今は青森と鹿児島間のほとんどが高速道路で結ばれている。1997年に、東京湾横断道路は海底自動車トンネルと海上橋で神奈川県と千葉県の房総半島を結んだ。今は高速道路網が全国に整備され、高速バス路線が地方都市と大都市を結んでいる。

日本の海上交通には瀬戸内海航路や沿岸航路がある。海運業は輸出入を支えている。主な港は東京港、大阪港、名古屋港、横浜港、神戸港、千葉港、博多港、門司港、苫小牧港などがある。そのうち、横浜港は日本一の港で、そこに中華街がある。一般的な貨物の輸送には20FTと40FTのコンテナが利用される。

日本の主な航空会社は日本航空（JAL）と全日空（ANA）だ。国内線は、東京を中心にして、各県を結んでいる。国際線は、アメリカ、中国、東南アジア、ロシア、ヨーロッパなどへの航空路が開かれている。東京国際空港（羽田空港）、成田国際空港、関西国際空港、中部国際空港、新千歳空港などが日本の空の玄関になっている。そのうち、関西国際空港は海を埋め立てた海上国際空港だ。

四　観光

日本は「世界が訪れたくなる日本」を目指して観光立国計画を推進している。そのおかげで、訪日外国人旅行者数は、急速な拡大を遂げてきた。観光は、日本の経済を支える産業へと成長しつつある。近年、個人旅行の増加など旅行形態の多様化、「爆買い」に代表される「モノ消費」から日本ならではの文化や自然などを体験する「コト消費」への消費スタイルの変更、旅行者のニーズは日々変化し続けている。日本は、2021年東京オリンピック・パラリンピック競技大会を開催し、日本の魅力的なブランドイメージを強力に世界に発信し、高いレベルの観光先進国の実現に向けて、政府一丸、官民一体となって取り組んでいる。

日本は安全で旅行しやすい国だと言われている。夜一人で歩いても危険を感じることはない。バスや電車の発着時間も正確で、旅行の計画は立てやすい。駅や観光施設に外国語の案内もある。

旅行のシーズンというと、お正月休み（12月29日から1月3日まで）、ゴールデンウイーク（4月29日から5月5日まで）、お盆（8月15日前後一週間）の時期に、多くの日本人が旅行したり、帰省したりするので、電車や飛行機がとても込み合い、宿泊料も平日より高くなり、節約してゆっくり旅行したいなら、以上の連休期間を避けたほうがいい。

電車で移動するとき、JRの新幹線や特急は込んでいる時期には予約しておいたほうがいい。新幹線には指定席と自由席があり、指定席を予約する場合には駅にある「みどりの窓口」や旅行センターや旅行会社で扱う。

訪日外国人旅行者の訪問先は東京、大阪、京都、札幌などの大都市に集中しており、今後、地域、特に東北地方や熊本などの震災地の観光振興は一つの課題になっている。次に主な観光都市や自然景観を紹介しよう。

札幌（アイヌ語では大川という意味）は明治以降開拓され、現在では人口約200万人の大都市になった。日本の最も北にあるので、冬はとても寒い。寒さを吹き飛ばすように、毎年2月の初めに「さっぽろ雪まつり」が盛大に行われる。その時、立派な雪の像や氷の彫刻が並ぶ。市内の観光地としては、北海道開拓の村、時計台（札幌のシンボル）、羊ヶ丘展望台、二条市場などがよく知られていて、観光都市として世界中から注目を集めている。札幌の花は鈴蘭で、札幌の鳥は郭公だ。

仙台は宮城県の県庁の所在地で、東北地方の中心的都市だ。仙台から車で30分ほど行くと、日本三景（松島、天橋立、宮島）の一つである松島がある。松島は青い海と白い岩と緑の松のコントラストが美しい。また、紅葉が美しい鳴子峡、冬の樹氷で有名な蔵王、七夕祭（8月6日から8日まで）などは仙台では有名な見所だ。

日光は世界遺産として知られ、栃木県にある観光地で、そこには徳川家康の霊を祭る東照宮がある。東照宮には家康の墓があり、建築は金箔や精巧な彫刻で飾られ、「日光を見ずして結構と言うなかれ」（日光東照宮の結構な建築を見ないうちは、結構［すばらしい］という言葉を使うな）というように、その豪華さで徳川幕府の権力の強さが表れている。また、日光の「いろは坂」を登っていくと、日本一の華厳の滝や中禅寺湖がある。秋の紅葉シーズンになると、中禅寺湖へ続くいろは坂は激しい渋滞を招く。

東京都は日本の首都で、江戸時代（1603年—1868年）に江戸幕府が設立されてから栄えたのだ。1868年、明治維新が始まり、翌年天皇が京都御所から江戸城（今の皇居）に移したので、西の京である京都に対して、江戸は東の京である東京に改称された。今の台東区、墨田区、江東区あたりは下町で、江戸の風情を残した町が多い。有名な観光地としては、皇居、上野公園、浅草、秋葉原、スカイツリー、国会議事堂などがある。

買い物には銀座、新宿、原宿、渋谷で高級ブランド品を並べた老舗や専売店が多い。

富士山は世界文化遺産に登録され、山梨県と静岡県の県境にあり、海抜が 3,776m ある日本一高い活火山だ。山梨県側の麓には富士五湖（山中湖、河口湖、西湖、精進湖、本栖湖）がある。河口湖は富士急行線の終点で、湖畔にホテルが多く、湖に映る富士山が見られ、逆さ富士の名で知られている。富士山を神体とする信仰（富士講）があり、その山開きは7月1日で、夏の間、登山する人が多い。頂上には直径 800m、深さ 240m の火口がある。また、富士箱根伊豆国立公園は山梨県、静岡県、神奈川県、東京都に渡り、富士山、箱根、伊豆半島と伊豆諸島からなっている。箱根は神奈川県の西南にあり、温泉で有名な所で、新宿から小田急線で箱根湯本に行ける。

奈良は 710 年から 784 年まで日本の首都（平城京）として栄えた。この時代に朝廷は遣唐使を派遣して中国と盛んに交流した。また、794 年に首都が平安京に移った後も、寺院を中心にした宗教都市として繁栄してきた。世界文化遺産には、法隆寺（聖徳宗）、東大寺（華厳宗）、唐招提寺（律宗）、興福寺（法相宗）、薬師寺（法相宗）、元興寺（法相宗）、春日大社（藤原氏の氏神の神社）がある。唐招提寺は中国の僧鑑真和上と縁のあるお寺で、今でも中日友好のシンボルとされている。

京都は 794 年桓武天皇が首都を長岡京から平安京に遷都した時から、1869 年明治天皇が東京へ遷都した時まで日本の都だった。平安時代（794 年—1192 年）の京都では、貴族が政治の実権を握り、華やかな貴族文化を栄えた。その後、武士が活躍する時代になり、幕府が政治の実権を握ったが、天皇や貴族は相変わらず京都に住んでいた。京都の見所は金閣寺、清水寺、南禅寺、竜安寺、銀閣寺、延暦寺、嵐山、伏見稲荷大社などがある。金閣寺（正しくは鹿苑寺）は名所の中の名所として知られている。1397 年、足利義満によって建てられ、二層と三層には金箔が貼られている。京都の三大祭りとは上賀茂神社と下鴨神社の葵祭（5月15日）、八坂神社の祇園祭（7月17日巡遊）、平安神宮の時代祭（10月22日）で、古都の伝統文化が祭りに集中的に見られる。

大阪は商人の町、食い倒れの町だと言われ、キタとミナミという二つの繁華街がある。キタは大阪駅と梅田駅を中心として、大阪の表玄関で、高層のオフィスビルと大型デパートが集中するビジネス街だ。ミナミは地下鉄なんば駅、心斎橋駅付近で、食い倒れの町を象徴する飲食店街で、下町の雰囲気が溢れている。見所としては、大阪城、通天閣（展望台）、道頓堀などがある。

沖縄県は日本列島の最南端にあり、真っ青な海と美しいサンゴ礁が広がっている。1429 年から 1872 年まで、沖縄に琉球王国があった。それは中国と東南アジアの国々と盛んに交易し、貿易国家として発展した。今でも沖縄には琉球の文化が多く残っている。中国風の旧正月、火の神信仰、石敢当信仰、清明節、爬龍船、綱引き、お盆、冬至などの風習が守られている。見所としては、首里城、恩納海岸、水族館、国際通りなどがある。沖縄本島のほか、久高島、宮古諸島、八重山諸島を訪ねる楽しみもある。

五　自然災害

日本では、昔から「地震、雷、火事、親父」が怖いと言われている。確かに、日本は環太平洋地震帯に位置するので、地震や火山が多い。大地震が起こったら、津波に襲われる心配もある。木造建築が多いので、地震や落雷による火事も多かった。親父が怖いのは家父長制に由来し、今はもう時代が変わった。

日本付近では、アジア大陸プレートの下に、太平洋プレートとフィリピンプレートが潜り込んでいて、それらの岩盤がぶつかり合うと地震が起こる。地震は家を破壊し、津波や山崩れ、地割れなどを起こし、生命や財産に影響を与える。

1923 年、神奈川県西部を震源としてマグニチュード 7.9 の関東大震災が起こり、死者・行方不明者は 14 万人余り出た。地震とそれによる火災で東京の家屋はほとんど全壊された。1995 年、マグニチュード 7.2 の阪神大震災が起こり、死者・行方不明者は6,436人出た。2011年、マグニチュード9.0の東日本大震災が起こり、津波の高さが20mを超えた地域は南北290 km以上に渡り、福島第一原子力発電所の原子炉損壊で放射性物質が漏出し、約27万人が避難生活を送っていた。死者・行方不明者は2万人も超え、福島、宮城、岩手の3県に未曾有の被害をもたらした。

日本では、「南海トラフ地震」（M9.1）と「首都直下地震」（M7）が30年以内に発生する確率が70％あると言われている。前者の最悪の場合には死者約33万人、後者のほうが2万3千人と想定されている。政府はその防災対策を推進している。

また、日本は世界有数の火山国で、富士山をはじめ、火山の数は200近くもある。今でも本州の浅間山、大島の三原山、九州の阿蘇山、雲仙岳、桜島などが活発な活動を示している。阿蘇山は世界最大級のカルデラを持ち、日本を代表する観光地の一つになっている。北海道の支笏湖、箱根の芦ノ湖などはカルデラに水が溜まってできたカルデラ湖の代表だ。

避雷設備のない古代には、落雷で木造建築が焼失されたことがよくあったようだ。平安時代には、菅原道真（天神、雷神、学問の神）の怨霊が火雷天神と同一視され、落雷で政敵を殺したと言われるほどだった。日本の三大祭りの一つである天神祭（7月24、25日）は道真への鎮魂祭に由来する。

梅雨は、日本の南西諸島では5月中旬、九州では6月上旬から始まり、1か月半ほど続く。九州山地の南側から南西諸島にかけては、年降水量の30％～40％がこのごろに記録される。また、夏から秋にかけては、日本列島はよく台風に襲われる。梅雨や台風に伴う大雨は洪水を起こし、川沿いの家屋や農地に大きな被害を与えることがある。夏の低温による冷害、「空梅雨」による干ばつ、冬の雪崩や豪雪による被害、乱開発や手抜き工事などによる「人災」などもある。また、道路が舗装され、雨が地下に浸透できず、下水が豪雨に耐える容量がないため、人工的な環境の都市には洪水が多く起こっている。

中央、都道府県、市町村の政府にはそれぞれの防災組織、政策と予算がある。中央政府には中央防災会議、内閣府防災担当が設けてあり、それぞれの自然災害に対して防災対策があり、災害対策基本法（1961年）、大規模地震対策特別措置法（1978年）、地震防災対策特別措置法（1995年）などを作っておいた。いろいろな防災対策のおかげで、近年、人々は地震、津波、台風、火事、火山から身を守っている。

注 釈

（1） 日本：意为太阳升起的地方，古代曾被称为大和、倭。因漆器很著名，英语名为“JAPAN”。

（2） 黒潮:流淌在北太平洋海域的日本暖流。发源于北赤道，流经菲律宾、中国台湾东部、琉球群岛，在日本列岛东部与千岛寒流（亲潮）汇合后向东太平洋流动。

（3） 季節風：因大陆和海洋在一年之中增热和冷却程度不同，在大陆和海洋之间的风向会随季节有规律地改变，这种风被称为季风。日本的北部为温带季风气候区，南部为亚热带季风气候区。

（4） 梅雨：每年6、7月份，南海夏季风增强北抬，与北方的冷空气交汇，在中国长江中下游地区至日本中南部出现持续的阴雨天气，这时正逢梅子的成熟期，故称其为“梅雨”。

（5） 桓武天皇:781年—806年在位,因不满奈良佛教势力干预朝政，于784年迁都长冈京。后因恐惧恶灵作祟，于794年迁都平安京（京都），开创了平安时代。804年，派遣最澄、空海到中国学习佛教，扶持平安佛教。

（6） 東日本大震災:2011年3月11日下午2点46分发生于日本东北部沿岸的9.0级地震，地震引发10米高的海啸，并导致东京电力公司福岛第一核电站核泄漏。

（7） 温泉：根据日本的《温泉法》（1948年），温泉指从地下涌出时水温在25℃以上或者在1千克的泉水中含有一定量的规定矿物成分的泉水。日本的著名温泉有大分县的别府温泉、神奈川县的箱根温泉、静冈县的热海温泉、群马县的草津温泉和伊香保温泉、兵库县的有马温泉、岐阜县的下吕温泉、新潟县的汤泽温泉。

練習一

1. 次の漢字に振り仮名を付けなさい。

国土、島国、隣国、帰省、下町、風情、首里城、東海道、琵琶湖、瀬戸内海、梅雨、雪崩、紅葉、皇居、銀座、津波、老舗、秋葉原、東大寺、近畿、箱根、竜安寺、金閣寺、遣唐使、震災地、心斎橋、行方不明、唐招提寺、琉球王国、八重山諸島

2. 次のＡＢＣＤから適当なものを一つ選んで（　）に書き入れなさい。

(1) 日本暖流は、その海水が黒っぽくて濃い青色をしているので、（　）という。

A 対馬海流　B 千島海流　C 親潮　D 黒潮

(2) 日光東照宮では（　）の霊が祭られている。

A 徳川家康　B 源頼朝　C 足利尊氏　D 豊臣秀吉

(3) 京都の三大祭りには葵祭、祇園祭と（　）がある。

A 天神祭　B 時代祭　C お盆　D 大文字

(4) 札幌へ行く時、飛行機は（　）という空港に着陸するのだ。

A 成田空港　B 羽田空港　C 新千歳空港　D 関西国際空港

(5) 日本航空の略名は日航、その英語名は（　）という。

A JAL　B ANA　C CA　D MU

(6) 日本三景には松島、宮島と（　）がある。

A 天橋立　B 瀬戸大橋　C 天の浮橋　D 箱根

(7) 47 の都道府県で、面積が一番狭いのは（　）だ。

A 東京都　B 大阪府　C 沖縄県　D 香川県

(8) 沖縄県は 1872 年までは（　）だった。

A 与那国　B 琉球王国　C 中山国　D 首里城

(9) 日本で、面積の一番広い湖は（　）だ。

A 不忍池　B 洞爺湖　C 山中湖　D 琵琶湖

(10) 道頓堀は（　）にある商店街だ。

A 名古屋　B 京都　C 大阪　D 東京

3.　次の質問に答えなさい。

(1) 下町はどんなところですか。

(2) 太平洋側気候はどんな気候ですか。

(3) 東京から富士山に行く場合には、どう行ったらいいでしょうか。

(4) 日本にいるとき、万が一地震が起こったら、どうしたらいいでしょうか。

(5) 水力・火力・原子力発電のメリットとデメリットを調べてください。

第二章　地域区分

一　北海道地方

北海道地方は日本の最北にある地域で、北海道本島と周辺の小さな島からなり、西北は宗谷海峡を隔ててロシアのサハリン（中国名：库页岛）と、東北は千島列島と隣り合い、南は津軽海峡を隔てて本州と向かい合う。北海道の面積は8.3万km^2で、日本全国の約22%を占めているが、人口は約5%しか占めていない。

北海道地方は昔、アイヌ民族が住んでいた蝦夷地と呼ばれ、アイヌ人の生活舞台だったが、1869年に蝦夷地は北海道と改称され、日本政府によって積極的に開発され、稲作や畑作、畜産が主な産業となった。

北海道では、夏は涼しく、冬は長くて寒い。春と秋は短い。日本海側では、冬の季節風の影響を受けて、雪がたくさん降り、2～3mも積もるところがある。知床、阿寒、支笏洞爺湖や登別温泉などが自然美を誇る観光地だ。

北海道の耕地の約四分の三は畑で、機械力を利用してジャガイモ、豆類、甜菜、玉ねぎなどを生産している。上川盆地と石狩平野には水田があり、北海道の米作りの中心地となっている。石狩平野と根釧台地には牧場が多く、牛や馬が放し飼いにされ、酪農が発達し、乳牛頭数や乳製品生産額は日本一だ。北海道では、農家1戸当たりの耕地面積は全国平均の約10倍もある。全国的には兼業農家が進んでいるが、北海道では専業農家の比率が高い。

北海道の近海は大陸棚が広く、暖流と寒流が触れ合い、魚の餌が多いので、世界の3大漁場の一つになっている。鱈・烏賊・鮭・鱒・蟹・昆布などがとれ、その漁獲量は、日本全体の30%以上を占めている。函館、小樽が有名な漁港で、本州との貿易港として早くから発展していた。1988年に青函トンネルが開通し、本州と鉄道で結ばれた。

北海道では、豊かな木材を原料として、製紙、パルプ工業も盛んで、苫小牧は日本の代表的な製紙工業都市になった。現在、北海道では札幌、室蘭、苫小牧を中心とする工業地帯が建設されている。

札幌は北海道道庁所在地で、道の政治、経済、文化の中心地で、現代の国際都市になった。新千歳空港は北海道の空の玄関で、中国、ロシア、アメリカ、カナダからの来訪客が多い。

北海道にはアイヌ民族がいる。アイヌはもともと狩猟や漁労を行う民族だったが、現在、アイヌ民族の暮らしは普通の日本人とほとんど同じだ。

二　東北地方

東北地方は本州の最北端にあり、津軽海峡の青函トンネルによって、北海道とつながり、南は関東地方、南西は中部地方の新潟県に続く。そこには青森県、岩手県、宮城県、秋田県、山形県、福島県という6県がある。奥羽山脈を境として、気候は太平洋側気候と日本海側気候とに分けられる。日本海側は、冬になるとシベリア方面から吹き付けてきた冷たい季節風が雪を降らせるので、北陸に次ぐ豪雪地帯だ。東北地方の面積は全国の約五分の一を占めるが、人口はわずか全国の十分の一ほどで、人口密度は北海道に次いで低い。

東北地方では、日本でも有数の穀倉地帯で、稲作農家は美味しい米作りに努めている。低温に耐える品種が開発され、味の良い米として知られるササニシキは東北地方を中心に、コシヒカリは北海道から九州地方まで広く作られている。青森県は日本一のリンゴの産地で、リンゴの生産量は日本全国の70%を占めている。東北地方の三陸沖で、暖流に乗って北上してくる鰹や鮪、寒流に乗って南下してくる秋刀魚や鮭などの漁業が盛んで、水産加工も行われている。

伝統的な在来工業としては、盛岡の鉄瓶、青森の漆器、米沢の絹織物、山形県の陶磁器がある。そのほか、仙台湾地区には石油精製・金属・電線・缶詰・造船・ゴム・印刷・食品・電気機器・機械など、いろいろな種類の工場が集まっていて、そこは東北地方では最も発達した地区だ。仙台市は東北地方の文化、経済の中心地となっている。

東北地方には美しい海岸や温泉に恵まれ、松島など多くの観光地がある。秋は紅葉に満ち、冬は世にも名の知れた樹氷が飾るのだ。8月上旬には、仙台市の七夕祭り（6日～8日）、青森市のねぶた祭り（2日～7日）、秋田市の竿灯祭り（4日～7日）、山形市の花笠祭り（6日～8日）という東北の四大祭りが行われ、多くの観光客が訪れる。

伝統的な祭りの多くは、豊作や豊漁を願ったり、感謝したりすることから始まり、家族や地域社会の団結を促してきた。近年、長寿化の進展にともなって、人々の生活にゆとりの時間が増えている。余暇の過ごし方でも、単なる観光ではなく、自然との触れ合い、健康や体力づくり、世代を超えた交流に対する欲求が高くなっている。北海道や東北地方には温泉地が多くあり、温泉地とスキー場が結び付き、スキーや登山を楽しみながら温泉を利用する人々が増えている。

三　関東地方

関東地方には東京都、神奈川県、埼玉県、千葉県、茨城県、栃木県、群馬県の1都6県があり、本州中央部の太平洋側に位置する。面積は全国の約8%にすぎないが、人口は約30%を占めている。

関東地方は太平洋側気候で、黒潮の影響を受けて、冬は雨が少なく、山地を除いては雪も余り降らない。夏は全体に蒸し暑く、雨もかなり多い。日本最大の流域面積を持つ利根川は関東平野を貫流し、銚子市で太平洋に注ぐ。

関東地方は鎌倉幕府が開かれてからその開発が始まり、江戸幕府が置かれてから急速に開発が進められ、明治以後東京が首都となり、世界有数の大都市に成長した。東京は日本の政治、経済、文化、情報、交通などの中心地で、そこには国会議事堂、最高裁判所、中央官庁、各国の大使館や国際機構などが置かれ、大手会社の本社、大きなデパート、問屋などが集まっている。東京には外国の銀行や証券会社の支店が集まって、ニューヨークとロンドンと並ぶ世界の金融センターになった。また、博物館、美術館、図書館、各種研究所などの文化施設や大学が多くある。

東京の都心には、皇居、霞が関の中央官庁街、丸の内のビジネス街、銀座の高級商店街、問屋が集まる日本橋などがある。また、新宿・渋谷・池袋・上野などは交通のターミナルで、商業と娯楽の中心地に加え、役所や事務所が集まって、副都心として発達している。東京の地価が高いので、住宅や工場、大学や研究所は年々郊外に移転しつつある。八王子市や厚木市には多くの大学が移転していって学園都市となった。鉄道の沿線に多くの住宅団地が建設され、郊外に移る人々が多く、鎌倉・藤沢・船橋など多くの衛星都市が発達し、東京大都市圏ができている。

京浜工業地帯は東京と横浜を中心にして、千葉県西部、埼玉県南部に広がった日本第一の総合工業地帯になった。鉄鋼などを作る金属工業、自動車や船・電気機械などを作る機械工業、石油化学製品や薬品・肥料などを作る化学工業などが盛んだ。横浜、川崎、東京は貿易港で海運が盛んに国内外と往来している。

大都市近郊で、都市の人々が消費する野菜や花を生産するのが近郊農業だ。関東平野の近郊農業地域は、都市化地域の拡大につれて外側に移動し、茨城、栃木、群馬の平野部にまで達している。露地栽培ではキャベツ、大根、白菜などの畑作が盛んで、施設園芸農業では胡瓜、ピーマン、メロン、苺などを栽培している。水田地帯では、兼業農家が蓮根、芹を栽培している。北関東では養豚、養牛が盛んだ。

関東地方は日本で最も交通の発達した地域で、京浜と阪神とは新幹線によって結ばれ、また東名高速道路や関越自動車道や東北自動車道も走っている。東京の市街地には、首都高速道路や地下鉄が放射状に通じている。東京の近郊には成田空港と羽田空港があり、交通が非常に便利だ。

関東地方には有名な国立公園や史跡や温泉などがあり、中でも日光や箱根や鎌倉などは国際観光地として知られ、観光客が多く訪れている。

四　中部地方

中部地方は本州の中央部にあり、関東と近畿の中間にある。中部地方の日本海側には新潟、富山、石川、福井の4県があり、これを北陸地方と言い、気候は日本海側気候に属し、冬にはよく豪雪が降る。太平洋側には静岡、愛知の2県があり、これを東海地方と言い、気候は太平洋側気候に属し、平野では暖かい。中央部には海に面しない山梨、長野、岐阜の3県があり、これを中央高地と言い、内陸気候で、冬と夏の寒暖差が激しい。その3地域では自然条件も産業の状況も大きな違いがあり、地域差も大きい。人口の多くは中心都市の名古屋市とその周辺に集中している。

日本海側の北陸地方は、平野に恵まれているが、日本一の多雪地帯で、冬の生活や交通は不便だ。信濃川は日本一長い川で、水力発電に利用されている。新潟県は日本第二位の米産県で、繊維工業と化学工業も進んでいる。

太平洋側の東海地方は、平野や台地が連なり、気候は温暖で、工業も発達している。名古屋中部国際空港から世界各地に定期便が飛んでいる。新幹線や名神・東名高速道路が整備されている。名古屋市は商工業が盛んで、東京・大阪に次ぐ大都市になっている。関東と関西の間にあるこの地方は京浜と阪神を結ぶ重要な工業地域に発展している。名古屋港は日本でも指折りの貿易港で、貿易額では横浜・神戸に次いで第三位だ。名古屋市は東京と京都の中間にある京（都）と見なして、中京とも呼ばれた。近代工業は名古屋を中心に中京工業地帯（愛知・岐阜・三重）で行われている。名古屋市に機械・航空機・重化学工業、豊田市・鈴鹿市に自動車、津に造船、東海市に鉄鋼、四日市市に石油化学、瀬戸市に陶磁器などが発達しており、京浜・阪神とともに、日本の三大総合工業地帯となっている。

静岡、愛知、三重の三県と岐阜県の南部は太平洋に面するので、東海地方と言い、黒潮がそこを流れ、冬でも温暖で晴天が続く。そのような気候を利用し、お茶や蜜柑やメロンの栽培が盛んだ。静岡県は日本一のお茶の生産地で、茶園では機械化が進み、一部の高級茶を除いて、収穫に機械が使われている。静岡市には製茶工場が多く、全国に出荷されている。

中央高地は山岳地帯で、そこには日本アルプス山脈があり、水力に恵まれ、日本の水力発電の中心地域になっている。信濃川、利根川、天竜川、木曽川などに大小の発電所が設けられ、その発電量は日本の水力発電量の半分以上を占めている。

また、富士箱根伊豆国立公園などがあり、富士山は日本人の心の奥に根差し、日本のシンボルと言われる世界的にも知られている山だ。この公園は、富士山を中心にその周辺の湖、東海道の宿場町、温泉地として名高い箱根地域と伊豆半島地域、火山島からなる伊豆諸島地域に分けられる。いたるところから秀麗な富士山が眺望でき、首都圏に近く、日本で来訪者が最も多い国立公園だ。そのほかに、金沢にある兼六園は日本三大名園（ほかの二つは岡山の後楽園、水戸の偕楽園）の一つだ。

五　近畿地方

近畿地方は、中国・四国地方と中部地方との間にあり、古くから日本の政治・文化の中心地で、奈良（平城京）や京都（平安京）などには都が置かれていた。関東に対して関西とも呼ばれる。近畿地方は畿（帝都）に近い地方という意味で、大阪、京都の2府、兵庫県、滋賀県、奈良県、三重県、和歌山県の5県からなる。人口密度は関東地方に次いで高く、人口の大部分は大阪、京都、神戸を中心とする中央低地に集中し、大阪大都市圏ができている。大阪府は日本の都道府県の中で面積が二番目に狭いが、人口は第二位に多い。

山地の間には、大阪平野・京都盆地、琵琶湖のある近江盆地、奈良盆地、姫路平野・伊勢平野などがある。琵琶湖は日本最大の湖で（面積670㎢）、そこから流れる淀川は、京都盆地と大阪平野を結び、発電・飲料水・工業用水・灌漑用水などに利用され、大阪湾に注ぐ。

近畿地方の気候は、地域によって違う。太平洋に面した紀伊半島南部は太平洋側気候で、夏に降水量が多く、暖帯林が生い茂っている。大阪湾沿岸は瀬戸内気候だが、京都盆地や奈良盆地などは内陸気候に属する。北部山地は、日本海側気候で、冬の降水量が多い。

京阪神（京都・大阪・神戸）は関西の経済・文化・交通の中心地だ。近畿地方は、日本の文化の源で、歴史に関係の深いところがたくさんある。この地方では伝統の手工業が盛んで、その代表的なものは京都の西陣織、清水焼や友禅染などだ。

阪神工業地帯は大阪府、神戸市を中心として、西は播磨工業地域へ続き、南は和歌山県の海南・下津、北東は大阪市東部から京都を経て、琵琶湖の南岸に至る広い範囲に渡っている。この工業地帯は資本、港、水運、労働力、工業用水などに恵まれ、原料や製品の輸送に便利で、大消費地に近いため、京浜工業地帯に次いで、日本第二の工業地帯になっている。この工業地帯は機械・鉄鋼・化学などの重化学工業や電気器具・雑貨などの生活用品の生産を特徴としている。

大阪は、16世紀の終わりごろ大阪城が造られ、江戸時代には商業都市として栄え、「天下の台所」と言われ、今は阪神工業地帯の中心だ。心斎橋筋や道頓掘は東京の銀座や新宿に比べられる繁華街だ。大阪の卸売業は西日本全域に大きな影響力を持っており、船場には問屋街が発達している。神戸港は、大阪港とともに阪神工業地帯の玄関として、重要な役割を果たしている。関西国際空港は大阪湾の海上にあり、アジアの各国や日本各市との結びつきが強い。

六　中国・四国地方

中国・四国地方は、本州の南西部とその南の四国、瀬戸内海に浮かぶ島々や日本海にある隠岐などからなっている。中国地方と四国地方には岡山県、広島県、山口県、鳥取県、島根県と香川県、愛媛県、徳島県、高知県の９県がある。日本海に面する山陰、瀬戸内海に面する山陽と北四国を合せた瀬戸内、太平洋に面する南四国の３地域に分けられる。そのうち、瀬戸内地方は工業も発達し、人口の大部分がここに集中している。

瀬戸内海は地盤が沈んでできた、日本最大の内海で、大小様々な島があちこちに浮かんでいて、景色が美しく、国立公園に指定されている。九州と近畿、中国と四国を結ぶ航路が交差し、大型タンカーや大小の貨物船、フェリーなどの交通量が多い。

気候は山陰地方の日本海側気候、瀬戸内地方の瀬戸内気候で、南四国地方の南海型気候に分けられる。そのうち、南四国地方は台風に襲われやすく、降水量も多い。

大企業は瀬戸内海の沿岸に多くの工場を建て、歴史の古い繊維工業や造船業のほか、金属工業、鉄鋼工業、セメントやソーダなどの化学工業及び石油化学工業が進出している。高知県や愛媛県の山地では楮が栽培され、これを原料とする和紙の製造が行われている。井野町は日本全国でも有名な製紙の町だ。鳥取県は日本一の梨の産地で、愛媛県は蜜柑の産地だ。

本州と四国の間には瀬戸大橋（道路と鉄道の併用橋）が架かり、本州と九州の間の関門海峡に関門トンネル（山口県下関市—福岡県北九州市）と関門橋があり、交通が便利になっている。

広島はこの地域の中心都市で、1945年８月６日に史上最初の原子爆弾の投下によって廃墟となったが、今は人口が100万を超えて大都市となり、特に自動車工業や造船業が発達している。

この地域には瀬戸内海国立公園、山陰海岸国立公園、松山の道後温泉、岡山の後楽園など多くの名勝旧跡がある。

七　九州と沖縄地方

九州と沖縄地方には福岡県、佐賀県、長崎県、大分県、熊本県、宮崎県、鹿児島県、沖縄県の8県がある。

九州地方は日本でもっとも温暖な地方で、冬が凌ぎやすい。北九州は日本海側気候で、冬に曇りの日が多いが、降水量は少なく、雪はほとんど降らない。南九州は黒潮の影響を受け、夏には雨が多く、亜熱帯植物が自生している。この地方は台風に襲われることが多く、毎年大きな被害を受ける。

北九州工業地帯は京浜工業地帯、阪神工業地帯、中京工業地帯と並んで日本の四大工業地帯の一つだ。この工業地帯では鉄鋼や化学製品を主に生産している点や能率の高い大工場の多いことが特色で、工業の種類の6割近くが重化学工業部門に集中している。そのほか、金属、食料、セメント、ガラス工場、IC（集積回路）工場が多い。

福岡市は九州地方の政治・経済・文化の中心になっている。市の中心部には、大きなビルが建ち並び、政府の官庁や商社やデパートなどが集まっている。博多駅は本州や九州各地への電車の発着駅で、新幹線も開通している。郊外には福岡国際空港がある。

この地域の農業では、米作りが盛んに行われている。そのほか、酪農、野菜、藺草、薩摩芋、タバコ、果物などが生産されている。

九州の水産業では、長崎県と福岡県では鰯、鯖、烏賊などの沖合漁業が行われ、鹿児島県の近海では鰹、鮪が捕れる。福岡県と佐賀県の沿岸では海苔の養殖が行われ、日本一の海苔産地になっている。波静かな内湾や入り江では、いけすや筏を利用し、卵から育てた稚魚を内海に放流し、育ててから捕る栽培漁業も盛んだ。

奄美諸島と沖縄諸島は亜熱帯性気候で、一年中温暖だ。沖縄県は日本国土の最南端の海上に浮かんでいる。面積は2,200km²余りで、人口は140万人しかいない。沖縄では、砂糖黍、パイナップル、二期作の稲、薩摩芋などを栽培し、近海で鰹、鮪、鯛などが捕れ、水産物加工の工場もできている。

沖縄県には今でも米軍の軍事基地が多いため、工業開発がうまく行かず、県民の多くはアメリカ人相手の商業やサービス業を営む。那覇市は沖縄県の政治・経済・文化の中心であるばかりでなく、国際航空路の要地でもある。

注釈

（1）中国地方：日本的律令制时代，朝廷根据分封的面积和人口多少，把诸侯国分为“大国、上国、中国、下国”四等，这里说的“中国地方”介于畿内与九州之间，属于第三等的诸侯，中等国的意思。

（2）日本の三大名園：金泽的兼六园、冈山的后乐园、水户的偕乐园。

（3）日本アルプス山脈：包括北部的飞驒山脉、中部的木曾山脉、南部的赤石山脉，因风景优美，英国传教士威斯顿于 1896 年把它命名为日本阿尔卑斯山脉。

（4）名神高速道路：名古屋至神户的高速公路，是日本第一条高速公路，1965 年通车。

（5）小春日和：小阳春（立冬至小雪期间）天气。

（6）富士急行線：在东京新宿乘中央本线至大月站，转乘“富士急行”线，在富士吉田站下车，即可浏览富士山。

（7）関東：古代，日本把福井县的爱发关、岐阜县的不破关、三重县的铃鹿关以东的地域叫关东，现在一般指“关东地方”的一都六县。

（8）富士箱根伊豆国立公園：日本政府于 1936 年指定的国立公园，包括东京都、神奈川县、山梨县、静冈县，主要景点有富士山、箱根、芦之湖、伊豆半岛和伊豆诸岛。在东京乘东海道新干线至小田原站，转乘箱根登山铁道至箱根汤元站下车，即可至箱根旅游。

（9）西陣織：日本国宝级的传统织物名，西阵位于京都西阵地区，在室町时代的应仁之乱时是西军的大本营，故名。

（10）道後温泉：位于四国岛爱媛县松山市，日本三大古泉（另两个是有马温泉和白滨温泉）之一。

練習二

1. 次の漢字に振り仮名を付けなさい。

横浜、京浜、阪神、近畿、渋谷、沖縄、信濃川、利根川、琵琶湖、心斎橋、道頓掘、神奈川県、衛星都市、津軽海峡、関門海峡、北陸地方、山陰地方、瀬戸内海、卸売、地盤、鉄鋼、問屋、大陸棚、陶磁器、西陣織、貨物船、新幹線、七夕祭り、成田空港、羽田空港

2. 次のＡＢＣＤから適当なものを一つ選んで（　）に書き入れなさい。

(1) 北海道の南は（　）を隔てて本州と向かい合う。
　A 関門海峡　B 津軽海峡　C 宮古海峡　D 対馬海峡

(2) 日本一のリンゴの産地は（　）だ。
　A 新潟県　B 岩手県　C 青森県　D 北海道

(3) 東北の四大祭りとは仙台市の（　）と青森市のねぶた祭り、秋田市の竿灯祭り、山形市の花笠祭りだ。
　A 桃の節句　B 端午の節句　C お盆　D 七夕祭り

(4) 日本で流域面積が一番広い川は（　）だ。
　A 利根川　B 信濃川　C 隅田川　D 鴨川

(5) 京浜工業地帯は東京と（　）を中心にしている。
　A 名古屋　B 横浜　C 川崎　D 千葉

(6) 阪神工業地帯は大阪府と（　）を中心としている。
　A 伊勢　B 京都　C 神戸市　D 神奈川県

(7)「天下の台所」と言われる都市は（　）だ。
　A 北海道　B 新潟　C 山形　D 大阪

(8) 次の四県で、（　）は山陰地方にある。
　A 徳島県　B 島根県　C 富山県　D 山口県

(9) 史上最初の原子爆弾が投下された都市は（　）だ。
　A 広島市　B 長崎市　C 東京都　D 神戸市

(10) 近畿地方の畿は帝都の（　）を指す。
　A 鎌倉　B 京都　C 奈良　D 東京

3.　次の質問に答えなさい。

(1) 北海道の農業、牧畜業をまとめて言ってください。

(2) 京浜工業地帯の工業をまとめて言ってください。

(3) 富士箱根伊豆国立公園を紹介してください。

(4) 阪神工業地帯の工業をまとめて言ってください。

(5) 北九州工業地帯の工業をまとめて言ってください。

第三章　社会

一　社会構造

日本の社会構造を分析するにはいろいろな視点がある。近年、タテ社会、格差社会、下流社会、超高齢社会などはよく指摘されている。ここでは、タテ社会、下流社会を例にして述べていく。

中根千枝の『タテ社会の人間関係』（講談社, 1967年）が出版されてから、日本の社会はタテ社会だと広く認識されている。会社においては、会長、社長、部長、課長、平社員、非正規社員というようなタテの系列がある。「家」制度では、本家（家元）と分家、親分（父母・領主・上司）と子分（子供・家臣・部下）という関係があり、長子相続制が続いてきた。江戸時代には士農工商という身分性があり、大名も親藩、譜代、外様に分けられた。

年功序列制が日本的経営の特徴の一つだ。集団の中で、ある人の上下関係を決定するのはその集団における経験年数、年齢、性別、学歴などだ。それは年功序列と呼ばれる。企業や行政機構における年功序列とは、その勤続年数が長くなるにしたがって、その地位や賃金が上がっていくという慣行だ。しかし、近年、多くの企業は仕事の実績に応じて給料を支払うという年俸制も導入して、年功序列型賃金と年俸型賃金を折衷した日本的な年俸制を取っている。

日本では、会議などの集会を開くと、常に序列が意識されている。公式の場で席に着くと、席次があり、上座と下座、内と外という意識が強い。地位の高い人や年齢の高い人が上座に座る。和室でも床の間の前は上座で、入口付近は下座となっている。その上下関係は敬語の使用、発言の順序にも影響を与える。上下関係を重視する国民性は、日本語の敬語を発達させ、日本人の躾や謙遜表現に関わっている。

ところで、三浦展の『下流社会』(光文社, 2005年)が出版されてから、中産階級の下流化問題も指摘された。階層格差、所得格差、学力格差が広がり、日本は中流社会から下流社会に向かうと言われるようになった。確かに、若い人には非正規社員やオタクが多く、お年寄りには高齢化が進み、一人暮らしが多い。若年層や高齢層は経済的には下流化している。

戦前の日本は階級社会で、資本家や地主は働かなくても豊かな上流社会で暮らし、農民や労働者はいくら働いても豊かになれない下流社会で暮らしていた。戦後の経済高度成長期には、総理府が行っている「国民生活に関する意識調査」では、90%の人は自分が「中」だと答え、1980年の「社会階層と社会移動」の全国調査では、威信・学歴・所得・財産・生活様式・権力という六つについて、すべてに高い人は1割、低い人は3割、残りの6割は中流意識を持つ中産階級だと言われている。しかし、バブル崩壊後、低成長時代に入り、多くの中産階級が下流に下降した。

二　少子高齢化

少子高齢化の大きな要因は出生率の低下と高齢者の増加だ。総務省統計局の国勢調査（2020年10月1日）によると、日本の総人口は1億2,614万6千人で（うち、外国人が274万人）、前回の国勢調査（2015年10月1日）に比べて94万8千人減少したという。2021年7月1日総務省の統計には、15歳未満人口は1,484万9千人で、総人口に占める割合は11.8%、15～64歳人口は7,465万8千人で、総人口に占める割合は59.4%、65歳以上人口は3,617万5千人で、総人口に占める割合は

28.8%だという。

2020年日本の国勢調査結果によれば、都道府県別の人口が最も多いのは東京都（1,406万人）で、東京圏（東京都、神奈川県、埼玉県、千葉県）の人口は3,693万人で、約全国の3分の1（29.3%）を占める。人口がもっとも少ないのは鳥取県で、55.4万人しかいない。

『日本統計年鑑』（2022年）により、2019年、日本女性の合計特殊出生率（一人の女性が一生の間に産む平均の子どもの数）は1.36になり、同年の新生児は865,239人で、死亡者は1,381,093人いた。出生率が低下したのは晩婚化と非婚化が増加しているからだ。一般世帯に占める単独世帯の割合は、2015年の34.5%から2040年には39.3%まで上昇すると予想される。日本国立社会保障・人口問題研究所の調査により、2018年日本人の初婚年齢の平均は男性が31.1歳、女性が29.4歳となり、2020年の生涯未婚率（50歳時の未婚率）は男性が25.5%、女性が16.2%だった。高齢化の要因は、医療技術の進歩、公衆衛生の向上、食生活の改善などだ。2021年、日本人の平均寿命は女性が87.3歳、男性が81.3歳で、世界で最も高い。このように、総人口が減少する中、高齢化率が上昇し続け、若年層が減少し、出生率が死亡率を下回る自然減に歯止めがかからない。

世界保健機構（WHO）や国連の定義によると、高齢化率が7%を超えた社会は「高齢化社会」、14%を超えた社会は「高齢社会」、21%を超えた社会は「超高齢社会」と言われる。その基準によれば、日本は1970年に高齢化社会に、1994年に高齢社会に、2007年に超高齢社会に入った。『日本統計年鑑』(2022年)により、2021年10月1日時点の高齢化率は29.1%で、今後も日本の高齢化率は上昇傾向が続くと見られ、2060年に高齢化率が38.1%に達すると推定されている。

三　家族の変化

日本人は弥生時代（紀元前3世紀から紀元3世紀）に農耕社会に入り、

農耕民は村落に定住し、感情的・集団的な人間関係が形成された。「家」の存続は重視され、血縁者がいない場合には養子を入れて、「家」を維持した。村という共同体で生活した人々は系譜や親戚関係を大事にして、地域の信仰体系である氏子と氏神も形成された。自己主張したり村の掟を破った人は「村八分」で仲間外れされた。そのようにして、日本人はまとまって行動する集団志向が強い。ある集団に属すれば、具体的な利益があるだけでなく、精神的な安心も得られる。

戦前の日本社会では、出産は自宅でして、水は井戸の水を汲んで飲み、薪で煮炊きをして、野菜は自分の庭で育てたが、戦後の経済高度成長に伴って、都市化が進み、旧来の「家」制度が崩れ、共同体的なつながりは解体され、大家族は核家族化に変わった。お金さえあれば、すべての商品が買えるし、どんなサービスも受けられる。家庭生活は貨幣収入の多少に規定されるようになった。核家族社会では、年取った祖父母が孫の世話をする習慣が薄れ、親も老後を子供の世話に期待しなくなってきている。それで、老人問題を解決するため、政府や企業は定年を伸ばしたり、老齢年金や後期高齢者医療制度を作ったりして、社会保障制度を確立した。女性の教育の拡大や男女共同参画などに応じて、「男は仕事、女は家庭」という性別役割分業もなくなった。夫婦別姓も認められた。

企業は従来の「家」の機能を果たしていて、日本人の行動様式や倫理規範は相変わらず人間関係を重視している。日本の「家」の特徴は、企業や官庁の伝統的な終身雇用制や年功序列制に生き続けていて、企業は疑似家族といった性格を持っている。企業は社員を終身雇用して、社員の面倒を見る。不況の時にも、多くの企業は社長以下全員の報酬をカットすることによって、レイオフを避ける。企業は社員の勤続年数によって地位や賃金を決め、低家賃で社宅を提供し、社員旅行を行い、家族参加のイベントを催し、冠婚葬祭には慶祝金や弔慰金を出す。住宅融資や企業年金などを援助する企業もある。つまり、社員の私生活に会社の機能が入り込んでいる。社員のほうは、忠誠心を抱き、企業への帰属意識が強く、定年まで同じ会社で働き、よほどのことがない限り、かつてに会社を辞めない。しかし、近年、日本の企業も能力給を導入し、社員の個人意識が高まり、日本人の集団志向が変わりつつある。

四　環境問題

日本の高度成長期に、工業化が進むにつれて、さまざまな公害問題が起きた。その代表的なのは水俣病、四日市喘息病、イタイイタイ病だった。

水俣病とは1956年に熊本県の水俣湾周辺で発生した、工場廃液の有機水銀による中毒症だ。水俣湾で捕れた魚を食べた人はその神経が侵され、手足が麻痺したり、言語障害や運動障害も起きる。1964年に、新潟県阿賀野川流域でも有機水銀による中毒が発生した。それを第二水俣病と言う。

四日市喘息病は大気汚染による公害だ。三重県四日市は1959年に日本一の石油コンビナートとして操業を始めた。煙突から出る煙には大量の硫黄酸化物が含まれていて、四日市の多くの市民が喘息病にかかった。

イタイイタイ病は富山県神通川流域に発生した病気で、患者は骨がゆがんだり、ひびが入ったりする。「痛い痛い」と痛みを訴え続けたことから名付けられたのだ。その原因は神通川上流にある工場から流れ出たカドミウムが農地を汚染して起きたカドミウム中毒だ。

1960年代、北九州市はスモッグの町だった。当時、工場の煙突から酸化鉄を含んだ赤い煙や煤煙などが出て、また、沿岸の工場から排出された廃液が海に流れ込み、海が汚染され、魚がいない「死の海」だった。

それらの公害問題は、患者や住民に訴えられ、いずれも工場側が敗訴した。国会も『公害対策基本法』（1967年）、『大気汚染防止法』（1968年）、『騒音規制法』（1968年）、『公害紛争処理法』（1970年）、『環境基本法』（1993年）などの法律を公布して、積極的に公害防止の法律を作った。内閣は、1971年に環境局を、2001年に環境省を設立し、環境保護、汚染防止、自然保護、生物の多様性と廃棄物処理を担当させている。各国の工業排気ガスを制限して、地球温暖化を制御するため、1997年に京都で140カ国の代表が『気候変動に関する国際連合枠組条約の京都議定書』に調印した。それらの努力のおかげで、日本は環境問題を解決し、公害防止の経験を世界に伝えている。

しかし、2011年3月11日、日本の東北沖で東日本大地震(M9.0)が起こり、大津波が発生し、福島第一原子力発電所は津波に襲われ、原子炉の水素爆発事故に見舞われた。高い放射線物質や汚染水が漏出し、多くの人が避難した。原子炉を解体して廃炉を完了するまでは30～40年もかかる見込みだ。

経済発展に伴い、世界各地で公害問題が発生し、地球の温暖化、フロンガスによるオゾン層の破壊、酸性雨、海洋汚染などは深刻な問題になった。今、公害や環境破壊により、植物と動物だけでなく、気象や土壌などにも影響を与え、その生態系全体のことを考えなければならない時期に来ている。

五　メディア

日本の代表的なメディアは新聞、放送、通信、出版などがある。新聞社としては五大紙（『読売新聞』『朝日新聞』『毎日新聞』『日本経済新聞』『産経新聞』）、放送局としては日本放送協会（NHK）、株式会社東京放送ホールディングス（TBS）、（株）フジテレビジョンなど、通信社としては共同通信社と時事通信社など、出版社としては講談社、角川集団、集英社、小学館、三省堂、筑摩書房、岩波書店、平凡社などがある。

『読売新聞』は株式会社読売新聞東京本社、株式会社読売新聞大阪本社及び株式会社読売新聞西部本社が発行する新聞だ。2021年上半期の販売部数は716万部余りで世界最多だった。題号は江戸時代に瓦版を読みながら売っていた「読売」に由来する。1874年11月2日、合名会社「日就社」が『讀賣新聞』を創刊した。創刊当時は1日おきに発行する隔日刊紙で、漢字に読み仮名を振った画期的な庶民のための新聞だった。1875年日刊紙に移行した。

『読売新聞』の価格は、2021年7月には一部で朝刊は150円、夕刊は50円で、月極ならば朝夕刊セット版は4,400円（税込み）となっている。

5大全国紙の中で、『読売新聞』は唯一の人生相談コーナー「人生案内」を紙面に持っていて、唯一週刊誌を発行していない新聞だ。また、『読売新聞』の読者層について、大阪商業大学JGSS研究センターの調査では高卒、ブルーカラー、非正規社員のほうが割合多いそうだ。

『読売新聞』の特徴は、充実した報道と明快な主張にある。2015年度新聞協会賞を受賞し、数々のスクープで国民の「知る権利」に応えている。「勇気と責任ある言論」を旨とする社説や、現実的で説得力のある提言報道で社会を動かしてきた。また、少子高齢社会の急激な進展を見据えて医療、社会保障、教育の各分野に取材専門部署を置き、読者のニーズに合った紙面を届けている。

『朝日新聞』は朝日新聞社が編集・発行する全国紙だ。1879年1月25日に創刊され、日本国内には東京、大阪、西部（北九州）、名古屋の4本社、北海道支社、福岡本部、44総局、約250支局からなる取材ネットワークがある。最近の論調は革新が基本で、左派言論の代表格とされる。天声人語は『朝日新聞』朝刊のコラムで、テストや入試の題材になっている。

『朝日新聞』の価格は、2021年7月には一部で朝刊は160円、夕刊は60円で、月額購読料は4,400円（税込）（朝刊のみは税込で3,500円）で、2021年上半期の販売部数は475万部余りで、日本国内では『読売新聞』に次ぐ業界2位になった。読者は『読売新聞』に次いで首都圏と関西圏で多く、『中日新聞』に次いで名古屋圏で多い。また、読者の政治的革新性、大卒・院卒および上層ホワイトカラーの割合、読者の平均世帯年収などの要素について、全国紙の中で『日本経済新聞』の読者に次ぐ水準だという調査結果がある。

社会貢献としては、朝日新聞社は日本のマンガ文化の発展、向上に大きな役割を果たした手塚治虫氏の業績を記念し、手塚氏の志を継いでマンガ文化の健全な発展に寄与することを目的に、1997年に手塚治虫文化賞を創設した。そのほかに、優れた散文作品に大佛次郎賞を授賞している。

また、朝日賞、朝日社会福祉賞、朝日スポーツ賞、朝日広告賞、朝日みらい教育賞、国際児童図書普及賞などを設けている。

『毎日新聞』は、毎日新聞社が発行する日本の全国紙で、読売・朝日とあわせて三大紙と呼ばれる。『毎日新聞』は1872年3月29日に東京浅草の日報社が創刊した『東京日日新聞』に遡れ、1943年1月1日に今の名前とされた。日本国内で最も長い歴史を持つジャーナリストで、日本新聞界のグランプリである新聞協会賞（編集部門）の28回の受賞を誇り、最多記録を更新している。

『毎日新聞』の価格は、2021年7月には一部で朝刊は150円、夕刊は50円で、月極ならば朝夕刊セット版は4,300円（税込み）となっている。

2021年上半期の販売部数は201万部余りだ。2015年の販売部数は朝刊が約325万部、夕刊が約95万部だ。かつては『朝日新聞』と共に2強に数えられていたが、現在は読売・朝日に大きく水を開けられている。

毎日新聞社の事業内容は新聞や雑誌や書籍の発行、デジタルメディア事業の展開、スポーツや文化事業の企画開催などが挙げられる。『毎日新聞』は全国紙では唯一、取材した記者の実名をフルネームで新聞に載せて、社の内外を問わず、あらゆる不当な干渉を排して編集の独立を守る新聞だ。記者は、編集方針にのっとって取材、執筆、紙面制作にあたり、何人からも、編集方針に反することを強制されない。

編集指針としては、①言論・報道・情報・文化企業として、読者をはじめすべての人々に個性的で質の高い商品を提供する。②販売店、関連・協力企業と手を携えて毎日グループの総合力を高め、広告主などあらゆる取引先とゆるぎない信頼関係を築く。③従業員の能力を開花させ、その生活を豊かにするとともに、株主の期待に応えて経営基盤の強化を図ると挙げられる。

『日本経済新聞』は、日本経済新聞社の発行する新聞で、広義の全国紙の一つだ。略称は「日経」、または「日経新聞」だ。経済紙であるため、一般紙に比べて株価欄をはじめとして、経済や産業関係記事の比重が高く、経済関係の記事で新聞協会賞を数多く受賞している。また、大学生や経済学に関心のある社会人向けの連載記事として、「経済教室」のページもある。購読世帯の平均世帯年収は他の全国紙よりも高く、企業幹部との親和性も強いという。また大卒・院卒の割合も主要全国紙の中で最も高い。

『日本経済新聞』の価格は、2021年7月には一部で朝刊は180円、夕刊は70円で、月極ならば朝夕刊セット版は4,900円（税込み）となっている。2021年上半期の販売部数は188万部余りあった。

日経特有の内容として、企業の発表する各種公告（決算公告など）が掲載されることが多い。しかし、近年、自社のホームページ（ウェブサイト）にのみ掲載する企業が急激に増加している。このほか政治面・社会面も充実しているが、スポーツ関係は弱い。例外的にサッカー関連をスポット的な特集記事として、一般紙よりも大きく取り上げる場合がある。地方版は経済関連を除くと弱い。芸能関連はほとんどない。社会面の4コマ漫画、読者による投稿欄もない。

『産経新聞』は、産業経済新聞社が発行する新聞だ。『日本工業新聞』（1933年6月20日創刊）を前身とし、時事新報の流れを汲んで、1958年名前を今の産経新聞に変更した。朝刊紙の購読料は一ヶ月で3,034円（税込み）となっている。

『産経新聞』の価格は、2021年7月には一部で朝刊は120円、夕刊は50円で、月極ならば朝夕刊セット版は4,037円（税込み）となっている。2021年上半期の販売部数は120万部余りあった。他紙同様、発行部数は減少傾向にある。購読者は90%以上が東京本社版では関東・静岡地区、大阪本社版では近畿地区にそれぞれ集中している。都道府県別では、大阪府が全体の3分の1強（約34%）を占めている。一方、沖縄県ではほとんど売れていないなど地域差に特に偏りが見られる。

『産経新聞』は一貫して日本の国益と主権、国家意識を大切にする立場から報道するようだ。

コラムには毎月第一月曜日には、『産経新聞』の朝刊1面にエッセイが掲載される。天皇・皇族の動静や「おことば」を専門に報じる皇室コーナーがある。経済面には「暮らしと経済」と題して、月曜から金曜まで「女性と仕事」「生活とマネー」についての記事を連載している。エネルギー問題でも、火力発電の増加による電気料金の値上げがもたらす家計の負担や経済への悪影響を顧みず「脱原発」を唱える風潮をハッキリと批判している。

日本放送協会（NHK）は、日本の公共放送を担う事業者だ。1950年、日本の放送法に基づいて設立された放送事業を行う特殊法人で、公式略称は「NIPPON HOSO KYOKAI」から「NHK」と記される。総務省が所管する。設立目的は、放送法により「公共の福祉のために、あまねく日本全国で受信できるように豊かで、且つ良い放送番組による国内基幹放送を行うと同時に放送およびその受信の進歩発達に必要な業務を行い、合わせて国際放送および国際衛星放送を行うこと」とされている。

NHKの主たる事務所は東京都渋谷区に置かれる。NHKは放送番組の編集にあたっては、公安および善良な風俗を害しないこと、政治的に公平であること、報道は事実を曲げないですること、意見が対立している問題についてはできるだけ多くの角度から論点を明らかにすることが求められる。

共同通信社は、日本の報道機関の代表として、東京を拠点とする非営利の通信社だ。日本国内外のニュースや写真、記事関連のデータを日本国内の新聞社、NHK、民間放送局などに提供・配信している。英国のロイター通信や米国のAP通信と並ぶ、世界を代表する通信社だ。日本国内はもとより世界で、強固な地位を確立している。日本国内の各新聞社は、共同通信が存在しないと、ニュースを報じ、運営していくのは困難だ。

共同通信社自らが取材したニュース、共同通信論説委員室で執筆した社説及び、一部の加盟社が取材したニュースなどを全国の新聞社、放送局に配信する。新聞記事の冒頭に「共同」と書いてある記事は共同通信社から配信された記事だが、それ以外にも加盟紙が「共同」のクレジットをつけずにそのまま掲載している記事もある。

日本の出版社は数千社もあるが、資本金が1億円以上の出版社は100社ぐらいしかない。80％ぐらいの出版社は東京にある。ここで日本一大きい株式会社講談社（以下、講談社と略称する）を例として紹介する。

講談社は1909年に野間清治によって東京で創業され、従業員数が932人（2019年5月現在）いて、資本金が3億円、売上高が1,204億円（2018年度）ある。主に書籍と雑誌の出版、デジタル事業、ドラマや映画などの映像化・アニメ化にウェートを置いている。講談社は児童、美術、文学、言語学、社会、哲学、宗教、地理、歴史、科学、工業、農業、医学など多くの分野に関する書籍を出版する総合出版社で、また集英社、小学館と並んで、日本の三大漫画出版社の一つで、少年漫画雑誌『週刊少年マガジン』、少女漫画雑誌『なかよし』を出版している。その他、文芸、ノンフィクション、幼児、児童、趣味、ファッションなどに関する雑誌も多く出版されている。文芸賞としては、野間賞や吉川英治賞を授賞している。

また、図書の販売としては、東京都神保町の書店街が有名で、最も大きい書店は紀伊国屋書店、八重洲ブックセンター、三省堂書店などがある。

注释

（1） 中根千枝（1926年—）：著名人类学家、藏学家。东京大学历史上第一位女教授，国际人类民族学会副会长，主要研究领域为印度、中国西藏和日本的社会结构及亚洲社会的比较研究，曾多次来华访问考察，研究西藏的历史和社会，著有《纵式社会的人际关系》等。

（2） 3月期決算：日本企业的会计年度一般是4月至次年3月，所以，每年的3月是年度决算的月份。

（3） 集団的自衛権：集体自卫权，当某国受到武力攻击时，同与该国有深刻利害关系的他国共同实施防卫的权利。

（4） 村八分：日本村落对破坏村规者的孤立措施，除丧葬、火灾外，对成人礼（冠）、婚礼、盖房、疾病、水灾、祭拜法事、旅行、生育八大集体活动，村民完全不给予帮助，处于绝交状态。

（5） 手塚治虫（1928年—1989年）：日本著名漫画家、动画制作人、医学博士。其代表作有《新宝岛》（『新宝島』，1947年）、《铁臂阿童木》（『鉄腕アトム』，1952年）、《蓝宝石王子》

(『リボンの騎士』，1953 年)、《海王子》(『海のトリトン』，1969 年)等。

（6） 京都議定書：为了将大气中的温室气体含量稳定在一个适当的水平，联合国气候变化框架公约参加国于 1997 年 12 月在京都签订的《联合国气候变化框架公约》的补充条款。

（7） ロイター通信：路透社，世界上最早创办的通讯社之一，也是目前英国最大的通讯社和西方四大通讯社之一。

（8） AP 通信：美国联合通讯社，简称美联社，美国最大的通迅社。

練習三

1.　次の漢字に振り仮名を付けなさい。

世界保健機構、東日本大地震、京都議定書、共同通信社、生涯未婚率、格差、国勢調査、株式会社、定年退職、年功序列、夫婦別姓、販売報道、年俸制、平社員、核家族、村八分、出生率、晩婚化、中毒症、喘息病、酸性雨、売上高、書店街、本家、家元、親藩、譜代、上座、下座、国連

2.　次のＡＢＣＤから適当なものを一つ選んで（　）に書き入れなさい。

(1) 日本の「家」制度では、（　）が長い間続いてきた。
　A 諸子均分相続制　　B 末子相続制
　C 養子相続制　　D 長子相続制

(2) 階層や所得などの格差が広がり、日本の中産階級が（　）している。
　A 上流化　　B 下流化　　C 中流化　　D 無産化

(3) 少子高齢化の大きな要因は（　）の低下と高齢者の増加だ。
　A 離婚率　　B 非婚化　　C 晩婚化　　D 出生率

(4) 国勢調査により、日本の人口は約（　）いるという。
　A 1億人　　B 1.2億人　　C 1.5億人　　D 2億人

(5) 村の掟を破った人は（　）で仲間外れされた。
　A 神判　　B 村八分　　C 刑罰　　D 議決

(6) 都市化が進み、旧来の「家」制度が崩れ、大家族は（　）に変わった。
　A 核家族化　　B 分家　　C ばらばら　　D 一人暮らし

(7) 日本の代表的な公害病は水俣病、喘息病、（　）だった。
　A コレラ　　B ペスト　　C 肺結核　　D イタイイタイ病

(8) 東日本大地震により、福島第一原子力発電所では、高い（　）が漏出した。
　A 放射線物質　　B 酸性雨　　C 水素　　D フロンガス

(9) 日本放送協会は略して（　）と書く。
　A JAL　　B NHK　　C ANA　　D TOTO

(10) 全国紙として、販売部数が一番多いのは（　）だ。
　A 読売新聞　　B 朝日新聞　　C 毎日新聞　　D 日本経済新聞

3.　次の質問に答えなさい。

(1)　タテ社会の人間関係はどうなっていますか。

(2)　少子高齢化が進むと、社会はどう変わりますか。

(3)「家」制度が変わり、人と人との絆はどう変わりましたか。

(4)　地球温暖化の影響で、地球環境はどう変わるでしょうか。

(5)　メディアには、マスメディア、マルチメディア、ニューメディアなどいろいろあり、メディアと暮らしとの関係を述べてください。

第四章　文化

一　人生儀礼

人生儀礼とは人類学では人生のなかで通過しなければならない「通過儀礼」だ。人々は特定な儀式を経てはじめて、大人の仲間入りを許してもらう。また、人生儀礼は誕生・成年・婚姻・葬送というような個人的な「冠婚葬祭」の生活儀礼で、「冠」は元服の式で今の成人式に当たり、「婚」は婚礼、「葬」は葬式で、「祭」は先祖を供養する魂祭りだ。

この「冠婚葬祭」の間にも、成育過程や成人後の祝行事もいろいろ催される。まず誕生に関する儀式がある。昔、出産は母子にとって命がけの出来事であったため、妊娠中には子安地蔵と子安観音に安産祝い儀礼があった。誕生のあと新生児に初めて乳を飲ませる「乳付けの儀」「浴湯の儀」、また誕生当日から三、五、七、九日目の夜に催される産養、「命名の儀」など多くの儀式が行われた。

子どもの時代には、男三歳と五歳、女三歳と七歳に「七五三」という行事が行われる。ほかに、ひな祭りや端午の節句がある。

若者は成人の日（1月の第2月曜日）を経て、社会の一員と認められる。婚姻儀礼には婚約・結納・披露の手順があり、婚姻が成立する。結婚式にはキリスト教式と仏教式と神前式と人前式がある。また、陰陽道では厄年という年忌み（男の数え年：25、42、61歳；女の数え年：19、33、37歳）がある。高齢者の長寿祝いには還暦（満60歳）、古稀（満70歳）、喜寿（満77歳）、傘寿（満80歳）、米寿（満88歳）、卒寿（満90歳）、白寿（満99歳）などがあり、誕生日や敬老の日に家族揃ってそれを盛大に祝う。

お葬式は、死体の処理と魂の処理を行う儀式で、お葬式の前夜祭としてお通夜があり、その後葬儀、告別式がある。多くのお葬式は寺院が執り行っているため、仏教と深く結びついている。死んだ直後の霊魂は荒御魂で、鎮魂の儀礼を受けていけば、和御魂になり。家の仏壇に祖霊として供養される。

このように人生儀礼は日本人の一生のサイクルと調和した形で行われている。

二　年中行事

年中行事は毎年決まった時期に特定の集団により行われる儀式・行事だ。例えば、お正月にはお節料理、雑煮などを食べたり晴れ着で初詣をしたりする。年末には煤払いや餅つきをしたり門松や鏡餅で飾ったりして大晦日には除夜の鐘を撞いて紅白歌合戦を見たりする。以下、最も知られている行事を例として説明する。

お正月は各暦の年初のことで、文化的には旧年が無事に終わったことと新年を祝う行事で、日本では旧暦1月の別名だったが、1873年改暦後は新暦1月を意味するようになった。現在は「三が日」または「松の内」という意味で使用することがある。正月飾りをしたり御節料理を食べたりして、正月行事を盛大に祝う。日本では1月1日の元日のみを国民の祝日としているが、実際には3日までの三箇日は事実上の祝日となる。

正月には前年お世話になった人や知人などに年賀状を送る習慣があったが、1990年代末頃から携帯電話が普及したこともあり、年賀状でなくメールなどで済まされることが多くなってきている。

また、雛祭りは、日本において、女子のすこやかな成長を祈る節句だ。三月三日の節句に女児のいる家で雛人形（「男雛」と「女雛」を中心とする人形）には雛あられや菱餅を供え、桃の花などを飾り、白酒やちらし寿司などを楽しむ祭りだ。

雛祭りは平安時代の京都ですでに平安貴族の子女の雅びな「遊びごと」として行われていたとする記録がある。初めは儀式ではなく遊びで、雛祭りが「雛遊び」とも呼ばれるのはそのためだ。一方、平安時代には川へ紙で作った人形を流す「流し雛」があり、「上巳の節句」として雛人形は「災厄よけ」の「守り雛」として祀られるようになった。江戸時代になってから、女子の「人形遊び」が「節句の儀式」と結びつき、全国に広まるようになった。三月の節句の祓に雛祭りを行うようになったのは、16世紀末のことだと推測されている。

「雛人形」は、宮中の殿上人の装束を模している。「女雛」の髪型にはおもに「大垂髪」と「古典下げ髪」がある。「大垂髪」は、平安時代からの垂れ髪形式が鎌倉・室町を経て、江戸時代後期に完成された比較的新しい髪型で、前髪部分を大きく張った髪型だ。「古典下げ髪」は、平安時代では長くて黒い髪が美人の条件とされていたため、髪をすべてうしろへ流し、わずかに垂らした両頬の毛を切りそろえた髪型で、肌色の白さを強調し、より美しく見せるためとされる。「古典下げ髪」のほうが「大垂髪」よりも結髪の技法が難しく、結髪師の技量が問われるため現在は希少となっている。

また、端午の節句は日本では、男子の健やかな成長を祈願し、現在では新暦の5月5日に行われ、国民の祝日「こどもの日」になっている。「端」は物のはし、つまり「始まり」という意味で、元々「端午」は月の始めの午の日のことだった。

端午の日にはちまきや柏餅を食べる風習もある。柏餅を食べる風習は日本独自のもので、柏は新芽が出るまで古い葉が落ちないことから、「家系が絶えない」縁起物として広まってきた。5月5日が祝日で、さらに前後に祝日を伴う大型連休期間中にあるため、雛祭り以上に親族総出で祝われる。

また、神田祭とは、東京都千代田区の神田明神で行われる祭礼のことだ。京都の祇園祭、大阪の天神祭とともに日本の三大祭りの一つにも数えられる。祭礼の時期は5月の中旬だ。大祭は隔年（西暦奇数年）に行われている。様々な行事があるが、神幸祭、御輿宮入などが主なものだ。

また、祇園祭は京都市東山区の八坂神社（祇園社）の祭礼で、京都の夏の風物詩で、7月1日から1か月間にわたって行われる長い祭りだ。祇園祭は数々の三大祭の一つに挙げられている。京都三大祭（ほかは上賀茂神社・下鴨神社の葵祭、平安神宮の時代祭）、日本三大祭（ほかは大阪の天神祭、東京の神田祭）、日本三大曳山祭（ほかは岐阜県高山市の高山祭、埼玉県秩父市の秩父夜祭）、日本三大美祭（ほかは前述の高山祭と秩父夜祭）のうちの一つで、日本を代表する祭りだ。

祇園社の祭神の牛頭天王が仏教の聖地である祇園精舎の守護神だとされている。神社名や周辺の地名も「祇園」となり、祭礼の名も「祇園御霊会」となった。その後、明治維新による神仏分離令により、神社名が八坂神社となった際に、祭礼の名も「祇園御霊会」から「祇園祭」に変更された。

また、お盆とは、夏に祖霊を祀る一連の行事だ。日本古来の祖霊信仰と仏教が融合した行事だ。かつては太陰暦の7月15日を中心とした期間に行われたが、現在では太陽暦の8月15日を中心とする期間に行われていることが多い。

1年に2度、初春と初秋の満月の日に祖霊が子孫のもとを訪れて交流する行事があったが、初春のものが祖霊の年神として神格を強調されて正月の祭りとなり、初秋のものが盂蘭盆と習合して、仏教の行事として行われるようになったと言われている。日本では8世紀ごろには、夏に祖先供養を行うという風習が確立されたと考えられている。全国に比較的に広まっている風習として、迎え火、送り火、盆踊りなどがある。

この時期は、毎年5月の大型連休（ゴールデンウイーク）や年末年始（お正月休み）とともに、帰省や行楽に出かける人が多い。この時、道路や公共交通機関が大変混雑するため、「帰省ラッシュ」と呼ばれている。

三　衣食住

1、衣

着物は和服とも言い、日本在来の衣服のことで、近年では日本における民族服ともされる。和服は、「洋服」に対して「和」の「服」、すなわち日本の衣服という意味だ。着物は元来「着る物」という意味で、現代では「着る物」という本来の意味は薄れていき、「和服」を意味した。現在一般的には、「着物」には和服、衣服という二つの意味がある。「着物」と「和服」と「呉服」が同義語として使われることが多い。

呉服は中国の三国時代に呉の国から伝わった織物のことを指し、後に和服を表す語になった。元々は絹製品を呉服、綿製品は太物と称し、昔は扱う店も別だった。和服を扱う店は「呉服屋」と呼ばれることが多い。

日本人は近年日常的には和服を着ないが、七五三・成人式・卒業式・結婚式といったイベントにおいては、着用している。また、花火大会・夏祭りといった夏のイベントにはよく浴衣を着ている。現在男性は、宗教関係者・職人など少数の男性に好んで着られているほかは、ほとんど見かけなくなっている。正装用の着物は、原則的に結婚式・叙勲などの儀式・茶会など格の高い席で着用される。

おめでたい場所に着る礼装用の着物の模様には、七宝・橘・鳳凰・鶴・亀などの縁起がよい「吉祥模様」や、昔の貴族のような豪華で華やかな「古典模様」が使われていることが多い。

和服と洋服とでは、前の部分の重ね合わせかたが異なる。Yシャツなどの衣服は、女性は自分から見て服の左側の上に右側を重ねるいわゆる「左前」で着るが、和服は男女を問わず服の右側の上に左側を重ねる「右前」となる。右手で懐に入れたものを取り出しやすいのだ。ちなみにいうが、和服で左前として着るのは死人だ。

2、食

日本料理は日本の風土で独自に発達した料理で、季節感を重んじ、味があっさりしていて、器の種類や盛り付けにも工夫を凝らす。和食とも言う。広義には日本に由来して日常食べている食事だが、狭義には精進料理や懐石料理などの一定の形式を踏まえた料理や伝統的な行事による料理だ。日本政府の外国向け「日本食レストラン推奨制度」では、具体的に懐石、寿司、天ぷら、うなぎ、焼き鳥、そば、うどん、丼物、その他伝統の料理を日本食としている。

2013年、「多様で新鮮な食品とその持ち味の尊重」「栄養バランスに優れた健康的な食生活」「自然の美しさや季節の移ろいの表現」「正月などの年中行事との密接な関わり」で、和食はユネスコに無形文化遺産に登録された。

日本料理の調味料としては、だし、塩、醤油、味噌、日本酒、お酢、菜種油、ゴマ油などが使われている。食器は、漆器、陶磁器などを使う。家庭ではご飯茶碗・箸は各人専用のものを用いる習慣がある。

伝統的な日本の食事が健康長寿食で、日本人が長生きであることの要因の一つだと言われている。日本の食文化には、多様で新鮮な食品、一汁三菜、栄養バランス、米飯の主食、みそ汁やお吸い物の汁、魚や肉の主菜、野菜を副菜とするという特徴がある。日本人の食事は炭水化物の量が多く、脂質の量が少なく、その結果、心臓病にかかる人が非常に少なくなっている。総エネルギーのうち、たんぱく質が15%、脂質が25%、炭水化物が60%の割合であるのが理想的とされているが、日本人の食事はこの理想的なバランスになっている。

刺身とは、魚介類などの食品を生のまま小片に切り、醤油やワサビなどの調味料で味を付けて食べる日本料理だ。一般的に関東地方ではマグロなどの赤身の魚が好まれ、関西地方では鯛などの白身の魚が好まれる傾向がある。刺身は室町時代にあった言葉で、武家社会では「切る」という語が嫌っていたため、「切り身」の代わりに「刺身」を使ったのだ。

刺身は食品そのものを味わう料理で、新鮮で味の良い旬の食品を用意することが大切だ。日本は四方を海に囲まれ、新鮮な魚介類をいつでも手に入れられるという恵まれた環境にあったため、魚介類を生食する習慣が残った。近代に入ると、流通の発達や冷蔵設備の普及、冷凍技術の発達に伴い、日本全国津々浦々で新鮮な刺身が食べられるようになった。今、刺身はマグロ、ブリ、タイ、イカ、貝、エビなど魚介類全般が用いられている。

刺身の基本的な食べる順番は、まず味の淡白なものから徐々に味の濃いものを食べ、つまり白身魚（タイ、キス、サヨリ、スズキ、タラ、フグ、ヒラメ、ホッケなど）→貝類（ホタテ、アワビ、カキ、サザエなど）→赤身魚（マグロ、カツオ、イワシ、アジなど）ということになっている。

しかし、有毒魚や、寄生虫がいる川魚、一部の貝類などの生食で事故が発生しやすい。正体の分からない魚の試食は避け、特に致死性の高いフグにおいては免許を持たない者の調理は慎むべきだ。また、体質や生の魚肉に体が慣れていない一部の人が刺身を食べることによって、グリセリドなどの脂肪分を十分に分解できずに腹を下すことがある。

また、寿司とは米飯と魚介類を組み合わせた日本料理で、大別すると、酢飯と生鮮魚介を用いた「早鮨」と、魚介類を飯と塩で乳酸発酵させた「なれ鮨」に区分される。そのなかで代表的な寿司は前者の握り寿司だ。

「すし」の語源はその味が酸っぱいから「酸し」だとした説が有力で、「寿司」はその当て字だ。昔、「寿司」と言う表記は、京都で朝廷へ献上することを考慮し使われるようになった。江戸では「鮨」、大阪では「鮓」の字が使用された。中国の戦国時代（紀元前 475 年—紀元前 221 年）から前漢（紀元前 202 年—紀元 8 年）の間に成立した辞典『爾雅』では塩辛の魚を「鮨」と言った。平安時代（794 年—1192 年）の『延喜式』（927 年）には諸国からの貢納品に鮓・鮨があると記載された。

寿司の種類は主に次のとおり：

握り寿司は、小さな酢飯の塊に寿司種を載せ、両手で握って馴染ませたものだ。飯と種の間にわさびを入れることが多い。手づかみ、あるいは箸を用いて、必要があれば醤油をつけて食べる。

巻き寿司は、具と酢飯を海苔で細長く巻いた寿司だ。それは巻き簾の上に海苔を広げ、酢飯と具を載せて巻いたものだ。太さの違いによって「細巻」「中巻」「太巻」と違う呼び名がある。

稲荷寿司は袋状に開いた油揚げを煮付け、中に酢飯のみを詰める場合と、酢飯にニンジンや椎茸、ゴマなどを混ぜ込んで詰める場合があり、後者を「五目稲荷」と呼ぶこともある。

押し寿司は、酢飯と具を重ね、力をかけて押した早寿司だ。

柿の葉寿司は柿の葉で巻いた寿司で、奈良県・和歌山県、石川県の郷土料理だ。

日本では、一皿毎の価格が明示されている回転寿司や、寿司専門店でも一人一食分のセットメニューの価格が明示されている方式が広く普及している。

また、酒は醸造法により、醸造酒、蒸留酒、混成酒という3種類に分類できる。そのうち、日本酒は醸造酒に当たり、普通は米と麹と水を主な原料とする清酒を指す。原料や精米歩合により、特定名称酒は本醸造酒、純米酒、吟醸酒に分類される。

清酒はアルコール度数が15～16度ぐらいで、保管時の温度や光に対して極めて過敏に反応しやすい。まずは1～8度の冷気温中にあり、日光から遮断され、また横に寝かせて保存する必要もなく、通常は冷蔵庫内に立てて置いてよい。日本酒の銘柄には獺祭、十四代、醸し人九平次、黒龍、田酒、久保田などが挙げられる。

焼酎は蒸留酒で、連続式の蒸留機で蒸留され、アルコール分36度未満のものを「焼酎甲類」と呼ぶ。単式蒸留機で蒸留され、アルコール分45度以下のものを「焼酎乙類」という。沖縄県特産の焼酎は「泡盛」と呼ぶ。日本人は焼酎を飲む場合にはよく水割りで飲む。

日本では、中国の杜康のように、特定できる酒の神様はいないが、少彦名神、大国主神、大物主神は酒の神様として祀られている。

お酒はもともと御神酒と言い、神にささげる神饌だったが、やがて祭りのような儀式で、人々に飲まれるようになったのだ。お正月に飲む縁起物の酒はお屠蘇と言い、それを飲めば、一年間の邪気を払い、長寿を願うのだ。結婚式には新郎新婦は三三九度で盃を交わす。このように、冠婚葬祭、送迎会、忘年会、新年会、お祭り…と人が集まる行事では必ずと言っていいほどお酒はなくてはならないものだ。

日本人は満18歳に成人になり、成人式に一生初めての酒を飲む。また、自動販売機による酒類の販売は23時00分～翌日5時00分までの時間帯にはできない。

ところで、日本は礼儀を重んじる国で、食事にはマナーとタブーがたくさんある。

まず食事の際の席順を述べる。和室での食事の場合、出入口の近くほど下座で、遠いほど上座となる。床の間があれば、それを背にした席が最も上座だ。洋室での食事の場合も、基本的には入口から遠い席が上座、近い席が下座になる。

次に椅子に腰を掛ける際、バッグは腰の左脇に置き、正しい姿が背筋を伸ばし、テーブルと胸の間に握り拳が二つ入るくらいのほうがいい。ナプキンは席についたらすぐに広げて膝にかけてもかまわない。もし食事の途中で席を立つなら、ナプキンはたたんで椅子に置く。

次に、箸のタブーを述べよう。昔から食事中に一緒に食べている人に不快な気持ちや不潔な感じを与えるような箸の使い方を嫌い箸と呼んで無作法な行為とされている。例えば、立て箸、涙箸、迷い箸、突き箸、渡し箸、寄せ箸、楊枝箸はタブーだ。

次に、ほかの人と清酒を飲むとき、杯を両手で受け、静かに飲む。一気に飲み干すのではなく、最初はお酒の香りを嗅ぎながら少量を口に、少し間を置いてやや多めの量を、「少量、多め、少量」の3回に分けて飲む。ビールは冷やしてから飲むが、冷し過ぎは禁物だ。ビールを注ぐときは、ラベルが上になるように右手でビンを持って、左手を添えて、始めはゆるやかに、だんだん勢いよく、泡ができはじめたら、再びゆるやかに注ぐのがコツだ。

最後に、洋食を食べるマナーを述べよう。セットされたナイフ、フォークは外側から各1本ずつ順番に使う。全体に共通する基本は、左手にフォーク、右手にナイフを持つ。スープなどを飲む時には右手にスプーンを持ち、左手は軽く器に添える。

3、住

日本の住宅は気候と風土と関わっている。日本は降水量の多い島国なので、湿気が高い。湿気を防ぐため、建築の材料は木材、いぐさ編みの畳、和紙がよく使われている。地面より高い高床式建築も湿気や虫の侵入を防ぐためだ。日本では奈良市東大寺の正倉院は高床式建築の代表だ。日本語では今でも訪問客が来るとき、「お上がりください」という。それは階段を上がって床に入るわけだ。中国の河姆渡遺跡やタイ族の住宅はそんな建築だ。それは風土が近いと、文化も類似していると言えるだろう。また、和室には、明かりを取るために、格子に組んだ木の枠の片面に和紙を貼った障子や部屋の仕切りの襖もある。

また、日本海沿岸や山奥では、除雪の都合で、屋根の勾配が急な家が多い。岐阜県白川郷の合掌造りはその代表で、世界文化遺産に記録されている。

ほかに、庭園も日本式建築の一部分だ。一般的に池を中心に、築山を築いて、庭石や草木を配し、四季折々に観賞できる。「見立て」は日本庭園の特徴の一つで、池は海や川を表現している。岩が池の中にあれば島となり、水際に並べられると荒磯となるのだ。庭園内には灯籠、東屋、茶室なども配置される。また、枯山水庭園は禅宗の思想と結びつき、禅寺（竜安寺の石庭など）で多く造られ、庭園では水を用いずに、石、白砂、植栽などで水流を表現する。金沢市の兼六園、岡山市の後楽園、水戸市の偕楽園は日本の三名園で、竜安寺の石庭は枯山水庭園の代表だ。庭園には自然に親しい日本人の美意識が見られる。

また、日本の建築は中国や西洋の影響を受けて、時代によって違っている。

奈良時代、唐招提寺などの寺院は唐の建築に影響を受け、入母屋造（歇山顶）が多い。屋根の上方は切妻造り（悬山双坡顶式建筑）、下方は寄棟造り（四坡顶式建筑）のように四方に庇を葺き下ろしている。法隆寺の金堂はその代表だ。平安時代末期になると、中国の天子の寝起きした宮殿の影響で、寝殿造が貴族たちの住宅になった。それは、南向きの寝殿を中心に、東西北にそれぞれ対の家を置き、それらを長い廊下で結ぶ住宅だ。その室内の空間は屏風で仕切られるようになった。鎌倉室町時代には、書院造ができて、座敷には床の間や違い棚や書院を備え、畳を敷くようになった。明治維新以降、西洋の建築文化が導入され、住宅は和洋折衷になり、和室を持ちながら洋式の家具なども使われている。

四　信仰

日本人の信仰には神道、仏教、キリスト教、民俗宗教などがあると言われている。

神道は、日本民族に固有の神・神霊についての信念に基づいて発生し、展開してきた宗教で、山や川などの自然や自然現象、また神話に残る祖霊たる神、怨念を残して死んだ者などを敬う多神教だ。自然と神とは一体的に認識され、神と人間とを取り結ぶ具体的作法が祭祀で、その祭祀を行う場所が聖域とされる神社だ。また、神道は皇室神道、神社神道、民俗神道、教派神道、古神道、国家神道のように分類できる。日本では一人が複数の宗教を信仰している。

現在、神道に属する神々を祭神とする社を神社といい、全国の神社の大部分は神社本庁（宗教法人の一つ）が統括している。神社を参拝する拝礼の基本的な作法は「二拝二拍手一拝」だ。なお、身内に不幸があった人は死穢の観念で、50日間を経過するまで神社参拝は控える必要がある。

現代の日本では、結婚式をキリスト教のスタイルで行うことが盛んになっており、結婚式場などに併設されたチャペルで派遣業者から斡旋された「牧師」の下に司式されることが多い。

五　茶道

茶道とは伝統的な様式にのっとって客人に抹茶をふるまう茶の湯のことだ。茶を点てる手順は抹茶を茶碗に入れてお湯を注ぎ、茶筅でかき回して泡を立てて飲むことだ。客は自分の手で茶碗を取り、左の掌に載せて、三回回して飲む。茶碗には正面があり、お茶をいただくときに、この正面を避けるため、茶碗を回して飲む。飲んだ後を指先でぬぐい、指は懐紙で拭く。

茶道では、主人がお客にお茶をご馳走することを「点てる」という。茶室の畳の上で作法に従って茶を点てる一連の所作を「お点前」と呼ぶ。茶室は庭に囲まれ、庭へ一歩踏み入れた時から、人は俗世界と離れて、身も心も清め、別の精神世界へ入る。客は茶室に至る露地を進むと、手水鉢で手を洗い、口をすすいで、にじり口から茶室に入る。茶室には床の間と床を切り抜いた炉がある。茶室の床の間には水墨画や書道の掛け軸が掛かっている。

茶道の歴史は次のとおりだ。12 世紀の終わりに、中国で禅宗を学んだ栄西（1141 年—1215 年）が茶の種とともに茶の道具や礼式を日本に持ち帰った。お茶は最初は貴重な薬だったが、その後、栽培に成功し、人々に広く飲まれるようになった。室町時代の村田珠光（1422 年—1502 年）が茶と禅の精神の統一を主張し、茶室で心の静けさを求める侘び茶を創り出した。16 世紀末、千利休（1522 年—1591 年）によって儀礼が定められ、心と形を伴った茶道を完成させた。茶道は豊臣秀吉の保護を受けて、華やかな桃山文化の一つとして流行し、簡素・閑寂を精神としたものだった。しかし、千利休は秀吉の怒りに触れて切腹を命じられ、自害した。千利休の孫である千宗旦（1578 年—1658 年）の子供 3 人が独自に表千家、裏千家、武者小路千家の流派を創設した。茶道は一期一会の精神を大切にしている。

六　華道

華道は、生活の中で花を生けて鑑賞する芸術で、古代からのアニミズムの流れとして、植物を立てて神を招いて宿らせる依代に由来する。日本人は自然を愛し、草花を神や仏に供え、儀式のために花瓶に挿して飾り、美しい草花を一層美しいものに作り上げて楽しんだ。室町時代、池坊専応(1482年—1543年)は「自然の美しさを身近に置いて楽しむことの大切さ」を説いて、華道を理論づけした。当時の華道は何かの集まりや人を招いた時の正式な立て花と日常生活の中で楽しむ自由な投入れという二つのタイプがあった。室町時代から江戸時代に花瓶に挿して形を整える「立花」と茶席での「茶花」に変わった。更に「立花」から「生花」と「投げ入れ」へ受け継がれた。

華道は様々な要素で構成されている。例えば、花の色彩、明暗、大小、軽重、寒暖、清濁、更に葉、枝、茎などの違いにより、異なった美しさが表現される。花器の形、材質、色合いなども作品に大きな影響を与える。美を求める精神と技術が結びついてはじめて生けた草花が芸術作品として完成する。

花を生ける時の基本的理念は天、地、人だ。仮に、3本の花の茎又は小枝があるとする。一番長いものを天と呼び、花器の真ん中に生ける。中くらいの長さのものを人と呼び、花器の左右どちらかに生ける。一番短いものを地と呼び、花器の手前のほうに据える。それぞれの枝の上方の突端を結ぶ線（見えない仮の線）が変則的な三角形を描くようにする。

華道振興の目的で、財団法人「日本いけばな芸術協会」には365の流派が加盟し、毎年生け花芸術展が開かれている。また、一般社団法人「いけばなインターナショナル」は今日では、全世界50数カ国および地域に161支部が設立され、「花を通じての友好」をモットーに発展してきた。

注 释

（1） 左前：常人的和服穿法是左衣襟向右扣。而死人穿的和服是右（从对方看来为左）衣襟向左扣，右襟重叠在左襟上。

（2） 関西：指大阪府、京都府、兵库县、滋贺县、奈良县、和歌山县。

（3） 懐紙：怀纸是茶道表演时去饮茶的客人放在和服的怀中随身携带的和纸，折成两折，用于擦茶碗的口印。

（4） 雛祭り：女儿节，也叫桃花节（桃の節句）。有女孩子的人家在3月3日前搭设坛架，坛架上摆放偶人，供年糕、白酒、桃花。日本人俗信随水漂走的偶人会带走女孩身上的疾病和灾难，所以，日本也有女儿节时在河中放偶人的习俗，以此来祈求女孩子健康成长。它原本是从中国传去日本的上巳节（夏历三月初三），是袚禊的日子。

（5）端午の節句（たんご　せっく）:端午节,日本也叫儿童节(子どもの日（こ　ひ）),是公众假期,适逢“五一”黄金周,人们外出旅游较多。节日时，吃柏饼、粽子，洗菖蒲浴，挂鲤鱼旗，装饰武士盔甲。它也是从中国传入日本的节日，但已与日本的民俗文化深度融合，主要祈求男孩子的健康成长。

（6）お通夜（つや）：埋葬骨灰前，亲属、朋友聚集一起陪死者度过通宵，也指僧侣为死者祈求冥福在灵前守夜时所做的佛教法事。

（7）紅白歌合戦（こうはくうたがっせん）：红白歌会是日本广播协会（NHK）在12月31日晚（大晦日（おおみそか））播出的电视节目，女性（红组）、男性（白组）歌手以对抗赛的形式进行歌曲表演，歌会结束时唱《友谊地久天长》的日文版《蛍の光（ほたる　ひかり）》,这也是日本学生在毕业典礼上唱的歌曲。

（8）枯山水庭園（かれさんすいていえん）：日本的园林景观，多见于禅宗寺院。石头象征山、岛屿，白沙象征水，体现了禅宗简约、空寂的思想。京都龙安寺是枯山水庭院的代表。

練習四

1.　次の漢字に振り仮名を付けなさい。

人生儀礼、冠婚葬祭、還暦、年中行事、晴れ着、初詣、門松、鏡餅、大晦日、除夜の鐘、紅白歌合戦、雛祭り、端午の節句、縁起物、盂蘭盆、祖先供養、帰省、浴衣、精進料理、無形文化遺産、漆器、醸造酒、清酒、盃、自動販売機、高床式建築、五穀豊穣、抹茶、床の間、表千家

2. 次のＡＢＣＤから適当なものを一つ選んで（　）に書き入れなさい。

(1) 人生儀礼とは人類学では（　）という。

A 通過儀礼　　B 年中行事　　C 祝祭日　　D 冠婚葬祭

(2) 還暦とは満（　）のことだ。

A 50 歳　　B 60 歳　　C 70 歳　　D 80 歳

(3) 清酒のアルコール度数は（　）ぐらいある。

A 10 度　　B 12 度　　C 15 ～ 16 度　　D 20 度

(4) 焼酎は（　）だ。

A 黄酒　　B 醸造酒　　C 発酵酒　　D 蒸留酒

(5) 高床式の代表的な建築は（　）だ。

A 龍安寺　　B 清水寺　　C 姫路城　　D 正倉院

(6) 入母屋造の代表的な建筑は（　）だ。

A 金閣寺　　B 清水寺　　C 法隆寺　　D 銀閣寺

(7) 日本民族に固有の神、神霊についての信念に基づいて発生した宗教は（　）だ。

A キリスト教　　B 仏教　　C 神道　　D 民族宗教

(8) 日本の朝廷が遣唐使を多く派遣した時代は（　）だ。

A 奈良時代　　B 平安時代　　C 古墳時代　　D 大和時代

(9) 茶道とは伝統的な様式にのっとって客人に（　）をふるまう茶の湯のことだ。

A 紅茶　　B ウーロン茶

C 抹茶　　D ジャスミン茶

(10) 茶道は（　　）の精神を大切にしている。

A 座禅　　　B 和魂洋才　　　C 一期一会　　　D 天地人

3. 次の質問に答えなさい。

(1) 日本の生け花を紹介してください。

(2) 日本料理をまとめて言ってください。

(3) 日本の無形文化遺産をネットで調べて言ってください。

(4) 日本の年中行事をまとめて言ってください。

(5) 中国人の人生儀礼をまとめて言ってください。

第五章　歴史

一　古代

人類は約400万年前地球上に誕生し、地質学でいう第四紀の更新世を通じて発展した。その時は氷河時代とも呼ばれ、海面は現在より低く、日本列島はアジア大陸と陸続きになり、人類はマンモスやナウマン象などを追いかけて、大陸から日本列島に渡ったらしい。

日本列島で発見された化石人骨は、新人段階のものが多い。日本人の原型はアジア大陸南部の化石人骨に求めることができて、縄文人と弥生人との混血を繰り返して、現在の日本人が形成されたと考えられる。群馬県岩宿遺跡など更新世の地層から打製石器の発見が相次ぎ、日本にも旧石器時代と新石器時代との文化の存在が明らかになった。

今から約12000年前、氷河時代が終わり、海面が上昇して、日本列島はアジア大陸と完全に切り離され、今とほぼ同じ自然環境になった。大きな動物が姿を消して、猪や兎などの中・小動物を捕獲するために、古代日本人が磨製石器や弓矢を使うようになった。縄の文様が付いた縄文土器が出現し、狩猟・漁労・採取の段階にある縄文文化は日本列島に広がった。

縄文時代（紀元前12000年—紀元前300年）の終わりごろ、稲作農耕は中国から日本九州北部に伝わり、紀元前4世紀以降西日本や東日本にも広がって、弥生文化が成立した。1884年、東京の本郷弥生町で縄文土器とは異なった土器が発掘され、その地名を取って、弥生土器と名付けられ、その時期を弥生時代（紀元前3世紀から紀元3世紀まで）と呼んでいる。弥生文化は稲作農耕と金属器（青銅器や鉄器）の使用を特徴としている。人々は水田に近い環濠集落に住んでいた。農耕の発達にともない、治水や灌漑の都合で、一つの水系を単位とした地域の首長が出現し、有力な集落は周辺のいくつかの集落を統合し、政治的な集団である小国が作られた。

『後漢書』東夷伝によると、紀元57年光武帝は朝貢に来た倭奴国王の使者に金印を下賜したという。そして、『魏志』倭人伝によると、邪馬台国を中心に、30国ぐらいの小国の連合が生まれ、女王の卑弥呼は239年に魏の皇帝に使者を派遣し、「親魏倭王」の称号と多くの銅鏡をもらったという。卑弥呼は呪術に優れ、宗教的権威を背景に国を治めたが、邪馬台国では租税の制度や人の身分差があり、ある程度の政治組織があった。

3世紀後半から4世紀初めのころ、古墳が集中する大和（奈良）をはじめとする畿内の豪族たちが連合して、大和政権が誕生した。古墳が営まれた3世紀後半から7世紀までを古墳時代という。朝鮮半島における軍事的立場を有利にするため、5世紀の初めから約1世紀の間、倭の五王は中国の南朝に朝貢し、皇帝から「安東将軍」などの称号を得たと『宋書』に記されている。中国と朝鮮半島との交渉を通じて、5世紀には鉄器や機織りや漢字などは渡来人によって日本に伝えられた。埼玉県稲荷山古墳から出土した鉄剣（471年か）には「獲加多支鹵大王」（雄略天皇と推定される）などの漢字の音仮名が見られる。漢字や学術の伝来を背景に、6世紀半ばに大王の系譜を記録した『帝紀』や朝廷の説話を記録した『旧辞』がまとめられた。古墳時代に、農耕の発展にともない、自然物に神が宿ると考えられ、樹木や山川が祭祀の対象とされ、豊作を祈る春の祈年の祭りや収穫に感謝する秋の新嘗祭は重要な農耕儀礼となった。穢れを祓う禊や盟神探湯などが盛んだった。

中国では、589年、隋が南北朝を統一し、国内の政治制度を整えた。日本では、587年に蘇我馬子が物部守屋を滅ぼして政権を独占し、592年に崇峻天皇を暗殺した。女帝の推古天皇が即位し、天皇の甥の聖徳太子（厩戸皇子,574年—622年）が摂政となった。聖徳太子は603年に優れた仕事をした人を評価する冠位十二階を定め、役人の冠の色で官位を区別した。これは位階制の起源をなした。604年、聖徳太子は憲法十七条を制定し、仏教を敬い、豪族を天皇に服従させ、国家の形を整えることを目指した。

607年に、聖徳太子は小野妹子（生没年不詳）を遣隋使として派遣し、高向玄理、南淵請安、僧の旻などの留学生・学問僧が遣隋使に従った。小野妹子が隋に提出した天皇の国書に「日出ずる処の天子、書を日没する処の天子に致す、恙無きや云々」と、隋と対等の礼で書いてあったために「蛮夷の書、無礼なる者有り、復たもって聞する勿れ」と煬帝を怒らせた国書事件があったという。遣隋使とは、推古朝（592年—628年）の倭国が技術や制度を学ぶために隋（581年—618年）に派遣した朝貢使のことをいう。彼らのもたらした中国の知識はのちの大化の改新に大きな役割を果たした。

仏教は、最初は渡来人や蘇我氏に信仰され、のちに朝廷の保護を受けて急速に発展し、飛鳥を中心に仏教文化の飛鳥文化が起こった。聖徳太子は四天王寺と斑鳩寺（法隆寺）を、蘇我氏は飛鳥寺を建立した。法隆寺は今に残る世界最古の木造建築で、五重塔や金堂が立ち並び、優れた仏教彫刻が残されている。

中国では、618年、唐が隋を滅ぼした。唐は均田制や租庸調制を基礎に、律令に基づく中央集権的な国家体制を整えた。日本では、聖徳太子の没後、蘇我氏一族が横暴にふるまう時代になり、蘇我入鹿は聖徳太子の理想を受け継ごうとしていた太子の長男の山背大兄王をはじめ、太子の一族を一人残らず死に追いやった。645年に中臣鎌足（藤原鎌足）と中大兄皇子は、蘇我蝦夷と蘇我入鹿の父子を滅ぼし、国政の改革に乗り出した。唐から帰国した高向玄理と僧の旻は中大兄皇子を助け、日本で最初の年号を大化とし、都を飛鳥から難波に移した。646年、孝徳天皇は改新の詔を発し、豪族の私地・私民を公地公民にし、地方の行政区画を定め、班田収授法を行い、中央集権国家を建てた。645年に始まった一連の改革は大化の改新と言われている。

天智天皇の没後、天皇の子の大友皇子と天皇の弟の大海人皇子との間で、皇位継承をめぐる壬申の乱（672年）が勃発し、大海人皇子は勝利を収め、天武天皇として即位した。天武天皇は律令制度を導入し、天皇を頂点とする中央集権国家を完成させた。唐と日本の律令制度の違いは、日本では国政を担当する太政官のほか、神祇官が置かれたことだ。神祇官は天皇家の祖先神や天津神や国津神の祭りを司り、神社を管理する官庁だった。天武天皇は宗教的権威を高めるために、伊勢神宮の祭祀を重視し、娘の大来皇女を斎宮として送り込んだ。天武天皇の没後、皇后の持統天皇（690年—697年在位）が即位し、飛鳥浄御原令が施行され、694年に、中国の長安や洛陽をモデルとした藤原京が完成し、遷都が行われた。それまでは天皇の宮殿があるところが都で、天皇が変わるたびに都も移動した。藤原京は整然と計画され、律令国家の象徴として、持統・文武・元明天皇の3代に渡って、710年元明天皇の平城京遷都まで16年間都として用いられた。701年、大宝律令が作られ、新しい国づくりの基本が決まった。7世紀後半から8世紀初頭にかけての、貴族を中心とする文化を白鳳文化という。

710年、元明天皇（707年—715年在位）は都を奈良にある平城京に移した。歴史には平城遷都の710年から平安遷都の794年までを奈良時代（710年—794年）という。平城京は唐の長安に倣い、都は中央を南北に走る朱雀大路で左京・右京に分けられ、北部の中央の宮城には天皇の日常生活の場である内裏や政務を行う官庁があった。京内には貴族と官吏の住宅や寺院や市などがあり、708年武蔵国（東京都や埼玉県の大部分、神奈川県の北東部に当たる）から銅が献上され、朝廷はこれを祝って和銅と改元し、和同開珎という日本最初の銭貨を鋳造し、畿内で流通した。

奈良朝廷は、ほぼ20年に一回遣唐使を派遣した。吉備真備や玄昉らの留学生や学問僧たちは唐の文物を日本に伝えて大きな役割を果たした。遣唐使とは7世紀から9世紀にかけて日本が唐（618年—907年）に派遣した使節だ。630年に犬上御田鍬（生没年不詳）を派遣したのを最初とし、894年に菅原道真（845年—903年）の建議によって停止されるまで、約20回の任命があり、うち16回は実際に渡海した。遣唐使の組織は、時期によって規模・内容を異にするが、『延喜式』によると、大使、副使、主神、卜部、陰陽師、医師、船師、訳語、新羅・奄美訳語、請益生、留学生、学問僧、船匠、水手などの構成だった。使節が渡航に用いる船数は、2隻から4隻編成で、1隻につき120人から160人程度乗り込める規模であったようだ。

使船の航路は、難波（大阪湾）から瀬戸内海を西下し、博多湾に入り、ここから出航した。初期は新羅道、白村江の戦い（663年）の後は沖縄経由の南島路、奈良時代後半は東海を横断する大洋路が取られるようになった。

当初の遣唐使の目的は、唐の制度・文物を導入することにあった。奈良時代に入ると、政治外交上の使命を帯びて派遣されることが多くなった。さらに奈良時代末以降になると、僧侶の留学および貿易的利益を目的として派遣されるようになった。

聖武天皇（724年—749年在位）の治世のころ、疫病や天災がたびたび起こり、天皇は全国に国分寺と国分尼寺を建て、東大寺の大仏を造って、仏教に頼って国家の安定を祈願した。東大寺にある校倉造の正倉院には聖武天皇と光明皇后の愛用品が多数納められて、今に伝わっている。疫病で土地を離れて逃亡した農民は私有地を新しく開墾したり、僧になって租税や労働を免れたりして、僧尼の堕落が目立った。733年栄叡や普照らは中国に渡って、鑑真（688年—763年）を753年12月に日本に招いた。鑑真は東大寺に戒壇を設けて、唐招提寺を建立し、律宗の開祖として、奈良仏教の戒律制度を整備した。当時の僧は仏教の理論を研究し、世界に誇り高い精神性をもった仏教文化に花を咲かせた。奈良の都で貴族たちを中心に発達したこの文化を、聖武天皇の年号を取って天平文化と呼んでいる。天平文化は遣唐使によってもたらされた唐の最盛期の文化の影響を強く受け、国際色豊かな性格を持っていた。

8世紀の中ごろから貴族同士の勢力争いや道鏡のような僧の国政関与があり、桓武天皇は政治を刷新するために、784年に都を長岡京に移したが、翌年新都建設プロジェクトの責任者である藤原種継が暗殺され、その首謀者と疑われた皇太子早良親王が流罪と処分され、淡路島へ移送される途中、怨みを抱いたまま亡くなった。その後、桓武天皇の母や皇后が相次いで病死し、陰陽寮で占ったところ、早良親王の怨霊の祟りだった。桓武天皇は祟りから逃れるには新しくて清浄な土地に移るしかないと考え、794年に平安京に遷都した。その時から1192年鎌倉に幕府が開かれるまでの約400年間を平安時代と呼ぶ。この平安京（京都）は明治維新ののちに都が東京に移るまで、約1,000年もの長い期間にわたって存続した。

平安遷都から9世紀末ごろまでの文化は、弘仁・貞観文化と呼ばれ、その特色は唐の文化の影響を強く受けて、宮廷を中心に漢文学（勅撰の『凌雲集』『文華秀麗集』『経国集』）が発展し、天台宗や真言宗など新しい仏教が盛んになったことだ。渡唐した空海は密教を学び、帰国後、高野山に金剛峯寺を開き、真言宗の開祖となった。同時に渡唐した最澄は、帰国後比叡山で延暦寺を建て、天台宗の開祖となった。延暦寺は長く日本仏教の学問の中心となり、浄土真宗の源信や鎌倉仏教の開祖たちの多くはここで学んだ。天台宗も真言宗も山中での修行を重んじ、古くからの山岳崇拝と結びつき、修験道の源となった。また、唐風の書道もてはやされ、嵯峨天皇、空海、橘逸勢はその三筆だと呼ばれた。

平安時代の初期に、藤原氏は自分の娘を天皇の后にして、その皇子を天皇に立てることで一族の政治勢力を伸ばした。その時代、皇子たちが母親の実家で育てられるのが一般的で、皇子と外祖父との仲が親しかった。藤原氏は、天皇が幼いころは摂政として、天皇が成長したのちは関白として、国政の実権を握っていた。9世紀の中ごろから摂政・関白が実力を失う11世紀中ごろまでの政治を摂関政治と呼ぶ。藤原道長とその子の藤原頼通のころは、摂関政治の最盛期を迎えた。その間、一時に天皇親政もあったが、醍醐天皇の場合には晩年に清涼殿に落雷が直撃し、公卿が何人か亡くなり、朱雀天皇のころには富士山の噴火や地震や洪水が頻発した。天災が天皇の不徳のせいだと見なされて、それも藤原摂関家が台頭した原因の一つだ。

藤原頼道の娘には皇子が生まれなかったので、1068年に藤原氏を外戚に持たない後三条天皇が即位して、藤原氏の勢いを抑え、自ら国政の実権を握った。その次の白河天皇も強力な政治を行った。退位した後も、白河上皇は自分の御所を院と言って、院政の道を切り開いた。

大寺院は多くの荘園を所有し、下級の僧侶を僧兵として組織し、神木や神輿を先頭に立てて朝廷に強訴を行った。神仏の威を恐れた貴族は武士を用いて警護や僧兵の鎮圧にあたらせたため、源氏（清和天皇の子孫）と平氏（桓武天皇の子孫）の武士団が出現した。1156年、崇徳上皇は朝廷の実権を握るために、左大臣の藤原頼長と結び、源為義らの武士を集めた。それに対して、後白河天皇は関白の藤原忠通と結んで、平清盛や源義朝らの武士を動員して、上皇方を攻撃して破った。この保元の乱は皇位継承と摂関家の権力闘争のために起こった内乱で、その結果、崇徳上皇は讃岐国（香川県）に配流され、頼長は戦死、為義は殺された。保元の乱は武士の中央政治進出の契機となった。

1159年、藤原信頼は源義朝と結んで兵をあげたが、平清盛に滅ぼされた。源義朝の子頼朝は伊豆に流された。これは平治の乱だ。その後、平清盛は太政大臣に昇進し、各地の武士団を組織することに成功した。一方、娘の徳子を高倉天皇の中宮に入れ、その子安徳天皇が即位すると、外戚として権勢を誇った。経済的基盤については、平清盛は全国の約半分の知行国と500余りの荘園を所有し、日宋貿易をも独占した。

二　中世

平氏の繁栄は長く続かなかった。平氏は後白河上皇との対立を深め、上皇の院政を停止し、平清盛の娘が産んだ安徳天皇を皇位につけた。皇子である以仁王がこれに反発し、平氏打倒の兵をあげ、諸国の武士に決起を呼び掛けた。彼の呼びかけに応えて、各地の武士が次々と立ち上がった。その中で、特に強大なのは源頼朝の勢力だった。源頼朝は鎌倉を根拠地として、関東の武士と主従関係を結んで、弟の義経を派遣し、平氏の討伐に当てた。1185年、義経は壇ノ浦（山口県下関市）で平氏を滅ぼした。

源頼朝は地方の国ごとに守護を、荘園や公領に地頭を置いた。守護はその国の武士を指揮し、軍事や警察の仕事につき、地方の政治にも関与した。地頭は年貢の取り立てや土地の管理などを行った。1192年、後白河上皇の没後、源頼朝は朝廷から征夷大将軍に任命された。征夷大将軍は、もともと蝦夷を討つ朝廷軍の指揮官だったが、源頼朝が任命されたことで、全国の武士の総大将の地位を表すことになった。源頼朝は鎌倉で武家政治の拠点を築き、鎌倉幕府を開いた。1192年源頼朝が征夷大将軍に任命されてから1333年鎌倉幕府が新田義貞の大軍に攻め落とされるまで、その期間を鎌倉時代という。

鎌倉幕府は将軍とその御家人の主従関係によって成り立っていた。御家人は将軍から伝来の領地を保護されたり、新しい領地を与えられるなどのご恩を受け、その代わり将軍に忠誠を誓い、戦の時には命をかけて戦って、奉公に励んだ。このように、領地を仲立ちに主従関係を結んだ武士が農民を支配し、そんな社会仕組みは封建社会と言われる。武家は政権を握るとき、天皇から征夷大将軍に任命され、幕府を開き、これは権力の基盤だった。源頼朝は武家で初めて征夷大将軍に任命された人物で、鎌倉幕府を開いてから、自分の娘を天皇に嫁がせ、幕府と朝廷との安定した関係を築こうとした。

1199年、源頼朝が落馬して死去した。その後、源氏の将軍は3代目の実朝が暗殺されて途絶え、そののちは朝廷から藤原氏か皇族を迎え、傀儡の将軍にしたが、幕府の実権は頼朝の妻政子の実家である北条氏が握っていた。政子の父である北条時政の地位は執権と呼ばれ、これ以後、執権は北条氏一族のあいだで世襲された。その政治は執権政治と言われる。三代目の執権泰時は武家の最初の体系的法典と言われる「御成敗式目」を制定し、御家人同士や御家人と荘園領主との紛争を公平に裁く基準を明らかにした。

京都の朝廷では、後鳥羽上皇は院政を行い、西面の武士を置いて軍事力を増強した。1219年、将軍実朝が頼家の遺児公暁に暗殺された事件をきっかけに、朝幕関係が悪化した。1221年、後鳥羽上皇は朝廷の勢力を回復するため、北条氏を討つよう全国の武士に命令を出したが、幕府は朝廷軍を打ち負かして京都を占領した。それは承久の乱という。その後、幕府は後鳥羽上皇を隠岐に、土御門天皇を土佐に流し、京都に六波羅探題を置いて、朝廷を監視し、皇位継承まで主導した。九州には鎮西奉行が置かれ、この地域の御家人を支配するとともに大宰府の実権を握るようになった。幕府は上皇方についた貴族や武士の所領3,000余か所を没収し、戦功のあった御家人らをその地の地頭に任命した。それで、幕府の力が西日本に拡大した。

幕府の支配機構は、鎌倉には中央機関として、御家人を組織して統制する侍所、一般政務や財政を司る政所、裁判事務を担当する問注所が置かれた。地方には守護と地頭が置かれ、守護は各国に一人、東国出身の有力御家人が任命された。地頭は御家人の中から任命され、荘園の支配権を持つ荘官の職名だった。幕府は守護・地頭を通じて実質的に全国の治安の維持に当たった。それに対して、朝廷は国司を任命して全国の一般行政を統轄していた。鎌倉時代には、京都と鎌倉を中心に二元的支配が行われていたが、承久の乱以降、幕府が優位に立つことになった。

鎌倉時代に、仏教は貴族の世界から下級武士や庶民の間に伝わっていた。法然は浄土宗を開き、念仏さえすれば、だれでも極楽往生ができると説いた。法然の弟子である親鸞は浄土真宗を開き、法然の教えを発展させ、罪深い悪人こそ、阿弥陀仏が救おうとしている人々だと説いた。一遍は時宗を開き、踊り念仏を行った。日蓮は日蓮宗を開き、南無妙法蓮華経さえ唱えれば、そのまま仏になれるし、国家も救われると説いた。また、栄西と道元は宋に渡って、禅宗を日本に伝え、それぞれ臨済宗と曹洞宗を開き、座禅することによって悟りを得ると教えた。禅宗は鎌倉幕府の支持を得て、武士の間に広まった。

1318年、後醍醐天皇は即位して、天皇親政と幕府打倒に向け、波乱の生涯を歩んだ。討幕の計画が漏れて2度も失敗して、隠岐に流されたが、足利尊氏、新田義貞、楠木正成らの反北条勢力の支持を得て還京した。1333年、足利尊氏は京都の六波羅探題を攻め落とし、新田義貞は鎌倉に突入し、幕府を滅亡させた。

後醍醐天皇は光厳天皇を廃立し、摂関、幕府、院政をも廃止し、「建武の中興」という復古的親政をしようとしたが、大功のあった足利尊氏らが冷遇されたので、武士たちが不満を強めた。足利尊氏は建武政権に反旗を翻した。1336年、足利尊氏は京都を制圧し、後醍醐天皇に三種の神器を譲らせて光明天皇を即位させ、武家政治再興の方針を明らかにした建武式目を定め、京都の室町に新たな武家政権を樹立した。1338年に、足利尊氏は征夷大将軍に任じられた。のちに足利尊氏の孫の義満が京都の室町に邸宅を建て、そこで政治を行ったので、室町幕府と呼ばれる。幕府の仕組みは将軍の補佐役として管領を置いた。関東地方を治めるために、鎌倉府を置いた。

一方、1336年に、後醍醐天皇は京都を脱出し、「光明に譲った三種の神器は偽物。本物はこちらにある」と皇位の正統性を主張し、吉野に朝廷を開いた。その後、京都の北朝と吉野の南朝という二つの朝廷が並立するという南北朝時代に入り、約60年にわたる全国的な動乱が始まった。北畠親房は『神皇正統記』（1339年）を書き、南朝側の立場から神国論に基づいて南朝の正統性を論じた。1339年、後醍醐天皇は「玉骨はたとえ南山の苔に埋ずむるとも、魂魄は常に北闕の天を望まんと思う」と朝敵討滅・京都奪回の遺命を残して崩御した。その後、京都では疫病が流行し、巷では後醍醐天皇の怨霊を恐れたので、尊氏は元に天龍寺船を派遣して、貿易で賄ったお金で京都の西の郊外に天龍寺を建て、後醍醐天皇の冥福を祈った。

室町幕府の3代将軍義満は、1392年に南北朝合一を成し遂げ、内乱に終止符を打ち、その後、皇統は北朝方で独占されたのだ。義満はまた地方の有力な守護をおさえ、幕府の支配を安定させ、室町幕府は全国的な統一政権としての性格を強めた。

室町時代に、武家文化と貴族文化が交じり合った。これに禅宗や中国の文化が加わり、新たな文化が生まれた。今日、日本の伝統文化の代表とされる能、狂言、茶の湯、生け花は、室町時代に公家・武家・庶民に愛好され、その基盤を確立したのだ。足利義満は京都の北山で寝殿造風（第一層）と禅宗様（第三層）を折衷した鹿苑寺金閣を建て、公家文化を吸収した武家文化の特徴を表している。そのことから義満時代の文化を北山文化という。8代将軍足利義政は京都の東山に銀閣を建てた。このことにちなんで、義政のころの文化を東山文化という。そこには簡素な禅の精神と伝統文化の幽玄・詫びの精神が表れている。銀閣の下層の書院造は近代の和風住宅の様式のもととなり、そこの枯山水は象徴的な自然を作り出した。新しい住宅の様式は、掛け軸・襖絵などの絵画や床の間を飾る生け花を一層発展させた。禅僧の雪舟が明に渡って水墨の技法を学び、帰国後日本的な水墨画の様式を作り上げ、日本の山水画の確立者となった。工芸では蒔絵の技術も進んだ。村田珠光が茶と禅の精神の統一を主張し、茶室で心の静けさを求める侘茶を創出した。

義教のころ、室町幕府と鎌倉府との関係が決裂した。1439年、義教は鎌倉公方足利持氏を滅ぼし、専制政治を推し進めたので、1441年に赤松満祐に殺害され、幕府と将軍の権威が大きく揺らいでいった。1467年、将軍家や幕府の管領家の家督や大名の家督の相続をめぐる争いで、それぞれ細川勝元（東軍）と山名宗全（西軍）に頼って対立し、応仁の乱が始まった。主戦場であった京都は戦火に焼かれて荒れ果てた。1477年、両軍は和議が結ばれ、争乱が終わった。応仁の乱で、将軍の権威が失われ、幕府体制や荘園の秩序が破壊された。各地方で実力者が台頭し、戦国大名が誕生し、下剋上の風潮が見られるようになった。

戦国大名は幕府に頼らず、国内のすべての武士を家来に組み入れ、家臣団を作り、ほかの大名との争いに備えた。さらに、荘園や公領を自分の領地として、領国を統一して、支配権を握った。戦国大名は領国を豊かにするために、大規模な治水工事を起こし、耕地を広げた。また、鉱山の開発や商工業の保護、交通整備にも力を注いだ。

関東では北条早雲が伊豆を奪って、相模の小田原を根拠地として関東支配の基礎を築いた。中部地方では上杉謙信が甲斐（山梨県）から信濃（長野県）へと領国を拡大して武田信玄と争った。今川氏が駿河（静岡県）と三河（愛知県東部）を支配した。毛利氏が安芸（広島県）から九州や四国に勢力を及ぼした。

三　近世

15 世紀後半から 16 世紀にかけて、日本では戦国大名は領国拡大の争いに明け暮れていたが、ヨーロッパでは新航路を開拓して、大航海時代に入った。

尾張（愛知県西部）の織田信長は中部地方の豊かな生産力と京都に近いという地の利を生かして、頭角を現した。信長は 1560 年桶狭間の戦いで駿河（静岡県）の今川義元を破り、三河（愛知県東部）の徳川家康と結んだ。1573 年、信長は足利義昭を追放して室町幕府を滅ぼした。1579 年、信長は滋賀県の琵琶湖の湖畔に壮大な安土城を築いて、全国統一に乗り出した。1582 年、毛利氏を討つ途中で、信長は家臣の明智光秀に背かれ、京都の本能寺で自害した。信長が 1568 年に上洛して、日本の実権を掌握していた。日本史では、その時から 1582 年の本能寺の変までを安土時代という。

信長の家臣であった豊臣秀吉は、本能寺の変の報を聞くと、対陣していた毛利氏と和議を結んで、軍を引き返し、明智光秀を討った。さらに、秀吉は柴田勝家など織田家の有力な家臣たちとの争いに勝利し、信長の後継者としての地位を確立した。1582 年以降、秀吉は太閤検地を通して、領主が持っていた田畑への権利を否定し、土地に対する農民の所有権を認め、農民が領主に年貢を納めることになった。秀吉は 1583 年に大阪城を築城し、1585 年に朝廷から関白に任命され、翌年太政大臣となった。1588 年に刀狩令を発して、農民や寺院から武器を没収した。その結果、武士は社会の安全を維持することに対して、農民は耕作に専念することになった。それは兵農分離ということだ。1590年に秀吉は全国を統一した。

1世紀ぶりに全国の統一を果たして、秀吉はさらに明を征服し、インドまで支配しようという巨大な夢に取りつかれた。秀吉は1592年と1597年の2度にわたる朝鮮侵略を行った。1598年、秀吉が急死したら、朝鮮侵略の小西行長は兵を引き上げた。それは万暦朝鮮戦争と言い、日本では文禄・慶長の役と呼ぶ。秀吉は晩年伏見に伏見城を築いてそこに住んだが、のちその城跡に桃が植えられたので、16世紀後半豊臣秀吉が政権を握っていた時代を桃山時代という。その時代の豪華で雄大な文化を桃山文化という。

徳川家康は三河の小名から起こって、1590年秀吉によって北条氏滅亡後の関東に移され、約250万石の領地を支配する大名（1万石以上の武将を大名と言う）となった。豊臣政権下では、五大老の筆頭として重んじられた。秀吉の死後、五奉行の一人石田三成は家康を排斥するために挙兵し、1600年に全国の大名は東西両軍に分かれて関ケ原の戦いをした。家康は戦いに勝利して、西軍の諸大名を処分し、1603年征夷大将軍に任じられ、江戸に幕府を開いた。その時から1867年の大政奉還までを江戸時代という。

1605年、家康は将軍職を徳川秀忠に譲り、将軍職が徳川氏の世襲であることを示し、駿河に移って、実権を握り続けた。1614年、1615年、大坂の役（大坂冬の陣・夏の陣）で豊臣氏を攻め滅ぼし、徳川家の支配を確立した。

江戸幕府の統治の基本的な仕組みは幕藩体制で、将軍と大名とは主従関係に支えられ、将軍は大名の所領を認めて保証する。大名の所領と人民とその行政組織を合わせて藩と呼ぶ。大名は将軍から任された藩を統治し、将軍に忠誠を尽くし、軍役を負う。大名は徳川一族である親藩と関ケ原の戦い以前から徳川家の家臣であった譜代と関ケ原の戦い以後徳川家に従った外様に分け、親藩と譜代は関東周辺と全国の要所に配置し、特に尾張・紀伊・水戸の徳川氏は御三家と呼ぶ。一国一城令により、大名の居城は一つに限り、無断に城を改築することを禁止した。3代将軍家光は1635年に武家諸法度を発布し、大名に国元と江戸を1年交代で往復する参勤交代を義務付け、妻子には江戸に住むことを強制し、大名家どうしが許可なく結婚することを禁止した。武家諸法度を違反したら、改易・減封・転封などの処分を行った。

幕府の統治は、家光のころには、老中を筆頭に若年寄、目付、各種の奉行などの役職が整い、譜代大名と旗本（将軍直属の家臣団）がその職に就き、合議をしながら行われるようになった。将軍は朝廷から征夷大将軍という称号を得て、朝廷を敬い、朝廷に財政的に支援する一方、禁中並公家諸法度を定めて、朝廷や公家に様々な規制を加え、京都所司代に監視させ、天皇や公家を京都に封じ込む体制を取った。また、幕府はキリスト教の布教を禁止し、神社と神職には諸社禰宜神主法度を、寺院には寺院法度を出して統制した。さらに、寺請制度を設けて、すべての日本人が檀那寺を持つようにした。寺院は庶民統制に利用され、葬儀や供養を主とするようになり、宗教的活動は乏しかった。

幕府は強大な経済力と軍事力を持っていた。財政収入には400万石にも及んだ直轄領（幕領、天領とも呼ぶ）から上がる年貢のほか、佐渡・伊豆・但馬・石見などの鉱山からの収入もあり、江戸・京都・大坂・長崎・堺などの重要都市の商工業や貿易を統制し、貨幣の鋳造権も握った。軍事力においては、幕府は旗本と御家人のほかに、諸大名に軍役をも負担してもらった。

日本の近世社会は士農工商という身分の秩序を基礎に成り立っている。支配身分は武士、天皇家、公家、上層の僧侶と神職で、被支配身分は農業を中心に林業と漁業に従事する百姓、手工業者である職人、都市で商業を営む家持の町人だ。一番下位に置かれたのは穢多、非人で、穢多は皮革製造やわら細工などの手工業に携わり、死んだ牛馬の処理や行刑役を強いられた人だ。非人は貧困や刑罰によりこの身分に落され、村や町の番人と清掃の役を担い、乞食や芸能に従ったりした。

江戸は将軍の所在地で、そこに諸藩の江戸屋敷が置かれていた。また、参勤交代によって五街道（東海道、中山道、甲州街道、日光街道、奥州街道）が整備され、交通が発達し、大勢の武士たちが全国から江戸に集まって生活していた。武士は山の手に住み、町人は下町に住んで、独特の町人文化が生まれた。京都は朝廷が所在する文化の都として栄え、また手工業都市として西陣織や漆器や蒔絵などの高級な工芸品を生産していた。大阪は米、木綿、酒などさまざまな物産の集散地になって栄えた。江戸や大阪に各種の問屋が生まれ、呉服商の三井や鉱山業の住友などの大商人たちが勢力を伸ばした。

江戸時代の始め、幕府は外国との貿易を奨励し、日本船の信用を高めるために、海外渡航を許可する朱印状を船に与え、この船を朱印船と言う。朱印船貿易が盛んになると、キリスト教の布教も盛んになり、信徒が多くなった。幕府はスペインとポルトガルからの侵略や信徒の反乱を恐れ、キリスト教の布教を禁止し、鎖国政策を取った。

鎖国後、幕府は海外に向けて窓を四つ開いておいた。第一はオランダに向けた長崎の出島だ。オランダ商人は布教せず、貿易の利のみを求めた。幕府は出島を窓口としてヨーロッパの商品を輸入し、オランダ風説書によって海外の事情を知ることができた。長崎には中国の商船も多くやって来た。長崎にある中国人の居住地は唐人屋敷と呼ばれていた。第二の窓は朝鮮に向けた対馬だ。対馬の宗氏は釜山に倭館を置いて対朝鮮貿易を一手に握っていた。朝鮮からは通信使も来日し、朝鮮の文化を伝えた。第三の窓は琉球王国に向けた薩摩だ。1609年に薩摩藩は琉球王国を侵略して、通商交易権を掌握した。第四の窓は蝦夷地に向けた松前だ。松前氏は1604年に徳川家康からアイヌとの交易独占権をもらった。

そんな関係で、江戸時代には蘭学が発達していた。新井白石らが西洋の学術や知識を吸収し、『西洋紀聞』などで世界の地理や物産などを説いた。1774年、前野良沢・杉田玄白らが解剖書『解体新書』を訳して西洋医学を発展させた。

儒学は社会の安定に役立つものとして幕府に奨励された。家康は、日本に朱子学を確立した林羅山を重用し、林羅山はその後4代将軍の侍講となった。水戸藩主の徳川光圀は朱舜水を招いて、『大日本史』の編纂を始め、水戸学の確立に影響を与えた。5代将軍綱吉は湯島聖堂で孔子を祭り、儒教の普及に努めた。各藩では藩校を設け、武士に儒学を教えるようになった。

17世紀後半から18世紀の初めにかけて、元禄年間を中心とする江戸時代前期の文化は元禄文化という。その代表は上方の大阪や京都を中心にした町人文化だ。元禄三大家とは小説家の井原西鶴と人形浄瑠璃の脚本家の近松門左衛門と俳人の松尾芭蕉だ。18世紀の中ごろになると、文化の中心が大阪から江戸に移った。文化・文政年間に、江戸を中心に栄えた町人文化を化政文化と呼ぶ。その代表的な作品には小説の『東海道中膝栗毛』（十返舎一九）や『南総里見八犬伝』（滝沢馬琴）、与謝蕪村と小林一茶の俳句、浮世絵などがある。また、『古事記』『日本書紀』『万葉集』『源氏物語』などの古典を研究する国学も発達した。その国学者の代表には荷田春満、賀茂真淵、本居宣長、平田篤胤などがいた。彼らは儒教や仏教などの外来思想を排斥し、日本古代の思想を追求した。

江戸時代は全体としては社会が安定した時代だが、いろいろな矛盾をも抱えていた。例えば、武家諸法度を違反して取り潰された大名が多くて、浪人が増えた。不殺生違反で島流しになった人も飢饉で餓死した人も多くて、百姓一揆が頻発した。産業の発達により、米の価格は商品に比べて下落し、米の年貢に頼った幕府や諸藩の収入が不足する一方で、寺院や神社の造営で費用がかかった。貨幣改鋳の対策をしばしば取ったが、かえって物価高を招き、幕府の財政を悪化させた。しかし、財政が困窮していた薩摩藩と長州藩は有能な人材を登用し、専売制を強化して、財政を立て直して、幕末期に雄藩として幕府に対抗していた。

1853年、1854年、アメリカは太平洋航路を開いて、日本に商品を輸出するために、また捕鯨船（鯨の脂肪を灯油として用いられた）を保護するために、日本に黒船（軍艦）を2度派遣して、日本に開国と通商を求めた。幕府は日米和親条約を結び、北海道の函館と静岡県の下田を開港し、日本は開国した。1858年、幕府は不平等な日米修好通商条約を結び、さらに神奈川、兵庫、長崎、新潟を開港した。同様の条約は、オランダ、ロシア、イギリス、フランスとも結ばれた。幕府の大老井伊直弼は条約に反対した水戸藩主徳川斉昭などの大名やその家臣、公家たちを弾圧して、安政の大獄を起こした。武士も庶民も、幕府がそれらの条約に調印したのは外国に屈服したことだと批判していた。その批判の動きは尊王攘夷運動に発展していった。1860年、井伊直弼は桜田門の近くで安政の大獄に憤った水戸藩の浪士たちに暗殺された。それは桜田門外の変という。

長州藩はかつて関ケ原の戦いに敗れて領地を縮小されたので、幕末期には幕府批判勢力の中心となった。藩の兵学者吉田松陰は私塾を開き、尊王攘夷を説いて、安政の大獄で処刑されたが、弟子の高杉晋作や木戸孝允（桂小五郎）らが朝廷の公家と結んで、攘夷論へ導いていった。長州藩は日本陸軍創設の中心となった。一方、薩摩藩は大久保利通や西郷隆盛らが藩政の実権を握り、海軍の人材を多く養成した。1866年、土佐藩の藩士坂本龍馬は、外国に対抗できる強力な統一国家を作る必要を説いて、薩摩藩の西郷隆盛と長州藩の木戸孝允を引き合わせて、薩長同盟を結び、倒幕を目指して、尊王攘夷運動は尊王倒幕運動へ転化した。1867年10月14日、15代将軍徳川慶喜は大政奉還の上表を提出した。12月9日、討幕派は王政復古の大号令を発し、天皇を中心とする新政府を樹立した。これで徳川幕府はその幕を閉じた。1868年1月、新政府に反発した旧幕府軍は京都に反撃したが、鳥羽・伏見の戦いに敗れ、3月幕府陸軍総裁の勝海舟が官軍参謀の西郷隆盛と話し合って、江戸城無血開城で江戸の町を戦火から救った。5月、新政府は函館の五稜郭にたてこもった旧幕臣の榎本武明らの軍隊を降伏させ、国内を統一した。この戦争は主に戊辰の年に戦われたので、戊辰戦争と言われる。

四　近代

1868年3月に、明治天皇は新しい国造りの方針を明らかにする五箇条の誓文を公布し、そこでは議会を設置し、公論に基づいて政治を行うことを表明し、百官を率いて神々に誓約するという形を取り、天皇親政を強調した。9月に年号を明治と改元して一世一元の制を定めた。7月に江戸を東京に改め、明治天皇は東京に行幸し、一度京都に帰ったが、翌年再び東京へ向かい、以後東京の皇居が天皇の居住地となった。東京は首都になり、日本の政治の中心地になった。東京では明治の元勲と呼ばれる岩倉具視、木戸孝允、大久保利通らの発言力が増し、旧来の公家は立場を失った。

新政府は、富国強兵を目指すには、文武に長けたリーダーの役目を明治天皇に求め、武術、乗馬、相撲、軍事訓練など厳しい英才教育を施した。明治天皇は国の発展のために西洋文化が不可欠だと理解して、西洋風の軍服を着たり、洋食を食べたりして、文明開化を導いた。1882年に、天皇は軍人勅諭を下賜し、大元帥になった。1885年、内閣制度を制定し、伊藤博文は初代総理大臣を担任した。1889年2月11日、『大日本帝国憲法』が発布され、明治天皇は立憲君主となり、「大日本帝国は万世一系の天皇がこれを統治する」「天皇は神聖にして侵すべからず」と書いてあり、強大な権限を付与された。憲法の公布と同時に『皇室典範』が制定され、皇位の継承、天皇の即位式、摂政の制などが定められた。帝国議会は貴族院と衆議院からなった。また、1880年には刑法、1890年には民法と商法と民事・刑事訴訟法が公布された。これで三権分立の体制が作られた。

中央集権を確立するには、新政府は旧来の藩体制を廃止し、1869年には大名に版籍奉還を命じ、旧大名には家禄を与えた。1871年には廃藩置県を断行して、府知事・県令が中央政府に任命され、ここに国内の政治的統一が完成した。新政府の実権は岩倉具視や三条実美ら少数の公家以外は、薩摩・長州・土佐・肥前の4藩出身の実力者が握ったので、これは藩閥政府だと呼ばれた。

新政府は殖産興業に力を注ぎ、雇った外国人の指導のもとで近代産業を育成した。鉄道を開設し、鉱山を開発し、電信線を架設した。1882年に、日本銀行を中央銀行として設立し、銀本位の貨幣制度が整った。また、岩崎弥太郎は政府に手厚い保護を受けて、三菱商会や三菱汽船会社を設立し、政商として三菱財閥の基礎を築いた。三井物産会社は貿易品の取り扱いで商社の活動をした。日本郵船会社は遠洋航路を開いていった。実業家の渋沢栄一は第一国立銀行や王子製紙や大阪紡績など多くの会社を設立し、殖産興業の政策を進めた。ちなみに、2024年には一万円札の肖像を福沢諭吉から渋沢栄一に変わることになっている。

政府は廃藩とともに藩兵を解散し、全国の兵権を兵部省におさめ、1873年1月には国民皆兵をめざす徴兵令を公布した。新政府は藩主や上層公家を華族とし、旧幕臣や藩士を士族としたが、1876年の廃刀令により、士族は特権をすべて失った。士族は官吏・巡査・教員・商人に慣れなくて、生活に困り、政府への不満が高まっていた。1873年、征韓論に負けて、西郷隆盛、板垣退助、江藤新平らの征韓派は下野した。その後、板垣退助は愛国公党（1874年）、のちに自由党（1881年）を設立して、自由民権運動を進めた。1874年に江藤新平は佐賀県の不平士族に迎えられ、佐賀の乱を起こした。西郷隆盛は鹿児島県の私学校生を中心に、「西南戦争」という最大の士族の反乱を起こしたが、政府軍に鎮定された。

政府の近代化政策が展開するにつれて、西洋の近代思想や生活様式など文明開化の風潮が日本に流れ込んだ。思想界では、儒教や神道の考え方は時代遅れとして排斥され、自由主義や個人主義や天賦人権の思想が流行した。思想家、教育家である福沢諭吉は『学問のすゝめ』『西洋事情』『文明論之概略』を著し、国民の思想を転換させるうえに大きな働きをした。1873年（明治6年）に、洋学者の森有礼、福沢諭吉、西周らが明六社を結成して、翌年『明六雑誌』を刊行し、近代思想の普及に努めた。また、1872年12月に、政府は旧暦を廃して太陽暦を採用した。

教育では、政府は小学校教育の普及に力を入れて、男女等しく学ばせる国民教育の建設を目指した。1890年に、教育勅語が発布され、忠君愛国が教育の基本だと強調された。1907年に、義務教育は6年に延長された。大学教育では、政府は東京大学（1877年）を設立し、多くの外国人教師を招いて学術の発達をはかった。また、私立大学では、福沢諭吉は慶應義塾大学（1858年）、新島襄は同志社大学（1875年）、大隈重信は早稲田大学（1902年）を創設した。

外交においては、1871年12月、右大臣岩倉具視を全権大使とする使節団が欧米に派遣され、副使は木戸孝允、大久保利通、伊藤博文で、延べ49名の政府高官と50名余りの留学生が同行した。使節団はアメリカと条約改正に関する交渉をしたが成功しなかった。一行はイギリス、フランス、ドイツ、ロシア、イタリア、スイスなど12か国の政治や産業の発展状況を視察して、1873年9月に帰国した。条約改正に関しては、その後も何度か交渉して、1911年になって、日本はやっと条約上列国と対等の地位を得た。

国際問題においては、明治維新後、日本はまもなく対外侵略の道を歩いた。1869年、蝦夷地を北海道と改称して開拓使を置いて、日本の領土になった。1872年に、日本は琉球王国を琉球藩にして、1879年にはさらに琉球藩を沖縄県にした。これはいわゆる琉球処分だ。1894年に、朝鮮では減税と排日を要求する東学党の乱が起こり、中国は朝鮮政府の要請を受けて出兵するとともに、日本も出兵した。農民軍は朝鮮政府と和解したが、日本が中国の軍船を襲撃し、しかたなく清政府は宣戦を布告し、中日甲午戦争が始まった。その戦争は日本の勝利に終わった。1895年の春、清政府と日本は不平等な馬関条約　（日本名：下関条約）を結んで講和が成立した。その内容は次の通り：

(1) 中国は朝鮮の独立を認め；

(2) 遼東半島、台湾、澎湖諸島を日本に譲り；

(3) 賠償金2億両を日本に支払い；

(4) 新たに沙市、重慶、蘇州、杭州を開くことだ。

遼東半島の割譲はロシア、フランス、ドイツの要求でのちに3000万両の「賠遼金」をもらい中国に返還した。

1914年—1918年、第一次世界大戦が爆発した。1915年に、日本は袁世凱政府に二十一カ条の要求をつきつけた。1919年、パリで講和会議が開かれ、ベルサイユ条約が結ばれた。中国では、パリ講和会議で日本が中国におけるドイツの権益を引き継ぐことが決定すると、5月4日に五・四運動が全国各地に広がり、学生や商人や労働者の一大国民運動が起こり、中国政府も講和条約の調印を拒否した。

日本は大戦景気で、輸出が急増し、成金も登場し、財閥はますます力を伸ばした。1916年、吉野作造は民本主義を提唱し、政治の民主化を求めていた。1918年、政友会が衆議院の第一党になり、総裁の原敬が首相となり、政党内閣が誕生し、日本は藩閥政治から政党政治の時代に入った。しかし、1920年に、株式市場の暴落を口火に戦後恐慌が発生し、綿糸や生糸の相場は半値以下に暴落し、政府は財政的に行き詰まり、立憲政友会が関係する汚職事件も続発し、1921年に原敬首相は東京駅で政党政治の腐敗に憤慨した一青年によって刺殺された。1923年9月1日には関東大震災が起こり、東京・横浜では大きな火災が発生し、死者・行方不明者は10万人を超えた。この震災は不況のもとにある日本経済にさらに大きな打撃を与えた。また、1927年には金融恐慌が起きて、多くの銀行が倒産した。経済不況の中で、日本共産党が1922年に成立し、活動が活発化した。1925年に、政府は日本共産党やその支援者を取り締まる治安維持法を制定した。1929年10月、アメリカで株価が大暴落し、世界恐慌に発展した。アメリカへの輸出に頼る日本経済は大きな打撃を受け、昭和恐慌となった。

1931年9月18日に瀋陽の郊外の柳条湖で南満鉄道を爆破し、これを中国軍のしわざとして侵略を始め、「九・一八事件」が始まり、それ以降中国は抗日戦争の時代に入った。1932年に、関東軍は中国東北の主要地域をほぼ占領し、3月には「満州国」を作った。1936年に、日本はロンドン海軍軍縮会議を脱退してワシントン・ロンドン両海軍条約が失効し、国際的に孤立していった。1937年、日本は同じく国際連盟を脱退したドイツとイタリアと三国防共協定を結び、枢軸関係が成立した。ここに日本とドイツとイタリアの枢軸陣営、アメリカとイギリスとフランスの自由主義陣営、ソ連をはじめとする共産主義陣営という三つの勢力が表面化していった。

1935年に、日本は中国華北5省を日本の勢力下に置く方針を決定した。

これに対して、中国では抗日救国運動が高まり、1936年12月の西安事変をきっかけに国民政府は抗日の意志を示した。1937年7月7日、北京郊外で盧溝橋事件が起こった。これに対して、国民政府は9月末に共産党と国共合作を行って、抗日民族統一戦線が成立した。日本は中国に次々と大軍を投入し、12月に南京を占領し、南京大虐殺をした。

中国の国民政府は首都を重慶に移して、抗戦を続けた。1941年9月、東条英機内閣が成立し、12月8日に、日本は真珠湾を攻撃して、アメリカ太平洋艦隊の主力を壊滅させ、アメリカとイギリスに宣戦を布告して、太平洋戦争を起こした。

アメリカは1945年8月6日に広島に、9日に長崎に原子爆弾を投下した。また、ソ連も中国東北と朝鮮に入って参戦した。こうした情勢のもとで、日本政府と軍首脳部は御前会議で、昭和天皇の裁断によりポツダム宣言を受諾して、15日に天皇のラジオ放送で敗戦を認めた。9月2日に東京湾内のアメリカ軍艦ミズーリ号で、日本政府および軍代表が降伏文書に署名した。こうして、第二次世界大戦が終わった。

五　現代

日本はポツダム宣言に基づいて連合国に占領されることになり、アメリカ軍は1945年8月末から日本本土進駐を始めた。連合国は日本本土には直接軍政をせずに、マッカーサー元帥を最高司令官とする連合国軍最高司令官司令部（GHQ）の指令・勧告に基づいて日本政府が政治を行うという間接統治の方法を取った。初期の占領政策の目標は、日本の非軍事化・民主化を達成し、日本を改造して再びアメリカの脅威となるのを防ぐことにあった。GHQは日本政府に婦人の開放、労働組合の結成、教育の自由主義化、圧政的諸制度の撤廃、経済の民主化という五大改革指令を発した。

1946年1月、公職追放令によって、政・財・官界から言論界にいたる各界の指導者が戦時の責任を問われ、職を追われた。5月から東京にある極東国際軍事裁判所で戦犯に対する裁判が開始された。それは略して東京裁判という。

日本国民感情などを考慮して、天皇は戦争責任を問われなかった。1946年1月に、昭和天皇は「人間宣言」を発表して、みずから「現御神」としての天皇の神格を否定した。

GHQは、財閥と寄生地主は軍国主義の温床だと考え、独占禁止法や過度経済力集中排除法によって、三井・三菱・住友・安田などの財閥の資産の凍結・解体を命じ、独占企業の分割を行った。地主制については、農地改革を通して、大地主は経済力と社会的威信を失った。

労働政策では、1945年に労働組合法と労働関係調整法と労働基準法が制定され、右派の日本労働組合総同盟と左派の全日本産業別労働組合会議が結成された。

教育政策では、軍国主義的教員が追放され、1947年には教育基本法と学校教育法が制定され、義務教育は6年から9年に延長され、学制は六・三・三・四制になった。

1946年11月3日に、『日本国憲法』が公布され、翌年の5月3日から実施された。新憲法には主権在民、平和主義、基本的人権の尊重という三つの原則が明らかにされ、天皇が日本国民統合の象徴だという象徴天皇制が制定され、国会は衆議院と参議院からなって、国権の最高機関にされ、第9条では戦争放棄と書いてある。

敗戦の時点で、海外にいた軍人（約350万人）や一般居留民（約280万人）は日本本土に引き上げた。日本国内の都会では、空襲で一面の焼け野原になって、農村では1945年は極端な凶作で、食糧不足は深刻になった。そして、敗戦処理で通貨が増発され、猛烈なインフレが発生した。

世界では、アメリカを盟主とする北大西洋条約機構（NATO）とソ連をはじめとする東欧8カ国友好協力相互援助条約組織という東西両陣営が形成され、「冷戦」の時代に入った。1950年6月、朝鮮戦争が始まると、日本は国連軍の補給基地となり、朝鮮特需で経済は息を吹き返した。アメリカは日本に対する占領政策を変更した。アメリカが軍事的空白を埋めるために、日本はGHQの指令により、警察予備隊を設置した。それは1954

年に陸海空からなる自衛隊に再編された。また、服役中の戦争犯罪人の釈放や公職追放者の解除が進められ、有力政治家が政界に復帰した。1955年11月に、民主党と自由党が合流して自由民主党（自民党）が結成され、その後自民党優位の政治体制（55年体制）が続いている。

朝鮮戦争をきっかけに、日本は1951年9月にアメリカを中心に資本主義陣営48カ国とサンフランシスコ講和条約を結び、アメリカとは日米安全保障条約を結んだ。1952年4月28日、サンフランシスコ講和条約が発効し、日本は独立国家に回復した。また、同年に、日本は国際通貨基金（IMF）と世界銀行に加盟し、国際経済にも参加するようになった。しかし、沖縄と小笠原諸島はアメリカの施政権下に置かれた。日本は米軍に基地を提供し、駐留軍の経費を分担する見返りにアメリカに安全保障を依存する道を選んだ。ソ連とは1956年10月に国交を回復し、同年12月に国連に加盟して国際社会に復帰した。沖縄では基地拡張のため、土地収用や人権侵害事件が相次ぎ、祖国復帰運動が盛り上がり、政府も外交交渉を進め、1968年には小笠原諸島が、1972年には沖縄が日本に復帰した。それでも、現在、日本にある米軍基地の約75%が沖縄県に集中している。

1954年末から長期の景気に恵まれ、造船、鉄鋼、電気、機械、石油化学などの産業が成長し、1955年—1957年には「神武景気」と呼ばれる大型景気を迎え、日本経済が急速に成長し始めた。1956年の経済白書は「もはや戦後ではない」と記し、経済は戦争前の水準に復帰し、生活は安定した。洗濯機、冷蔵庫、テレビは「三種の神器」と呼ばれ、徐々に普及していった。1960年に首相池田勇人が10年間で所得を2倍にするという国民所得倍増計画を発表してから1973年の第一次石油ショックまで、日本経済は成長率が年平均10%を超える高度成長を続けていた。1960年代末にはカラーテレビ、乗用車、クーラーが「新三種の神器」として流行った。1964年には東京—大阪の間で、新幹線が開通し、東京オリンピックが開催された。また、さまざまな業種にわたる多数の大企業が旧財閥系などの銀行や商社を中心にして六大企業集団が出現した。1968年に、国民総生産（GNP）は資本主義国ではアメリカに次ぐ第2位の規模に達した。しかし、アメリカの国際収支が悪化し、1971年にニクソン大統領は新経済対策を発表して、金・ドル交換を停止した。そして、10カ国蔵相会議では、1ドル＝360円の固定相場を308円に切り上げ、更に1973年には変動為替相場制に決まった。1985年、プラザ合意以降、円高が加速し、輸出産業は一時不況に陥った。

1973年には、第4次中東戦争が勃発し、OAPEC（アラブ石油輸出国機構）はイスラエル寄りの欧米や日本に対する石油輸出制限を実施し、OPEC（石油輸出国機構）が石油価格を1バーレル3ドルから10ドル余りに引き上げ、第1次石油ショックが発生した。また、1979年には、イラン革命を機に、石油価格が1バーレル13ドルから34ドル余りに引き上げられた。これは第2次石油ショックという。その二回の石油ショックは世界経済に大きな打撃を与えた。原油価格の暴騰や土地投機や円高で、インフレが発生し、日本は深刻な不況に陥り、経済の高度成長が終わった。石油ショック以降、日本の企業は人員整理をして、省エネルギーをはかり、コンピューターやロボット技術を利用した工場やオフィスの自動化を進め、不況から脱出して、安定成長の軌道に乗った。自動車、電気機器、半導体、IC（集積回路）、コンピュータなどのハイテク分野は輸出向けで、急速に生産を伸ばし、日本の貿易黒字が拡大した。そのため、日本は欧米諸国との貿易摩擦も頻発した。アメリカは日本に自動車などの輸出自主規制を求め、農産物の輸入自由化を迫った。日本は牛肉とオレンジの輸入自由化、米市場の部分開放を決定した。

景気が訪れて、金融緩和になると、金融機関や企業や個人はだぶついた資金を不動産市場と株式市場に投資し、1987年ごろから実体とかけ離れた地価や株価は高騰して、バブル現象が起きた。しかし、1990年初めから株価が、そして翌年には地価が暴落し始め、バブル経済が崩壊した。大量の不良債権を抱え込んだ金融機関や会社が相次いで破産した。1995年には、阪神・淡路大震災やオウム真理教による地下鉄での毒ガス無差別テロ事件が起こり、社会に不安が広がっていた。

20世紀は、その前半は二つの世界大戦などで、悲劇の世紀だった。その後半は米ソの対立で、資本主義と共産主義の対決の冷戦の時代だった。21世紀の今頃、冷戦は終焉した。しかし、世界はなお不安定で、宗教問題や発展の格差や環境問題など多くの問題を抱えている。人類全体で取り組むことが求められている。

中日の外交関係については、第二次世界大戦後、歴史や冷戦の原因で、中華人民共和国と日本とは外交関係がなかった。1972年9月、田中角栄（1918年—1993年）首相と大平正芳（1910年—1980年）外相は中華人民共和国を訪問し、『中日共同声明』を発表して、中華人民共和国と日本国が国交を結んだ。これにより、中華人民共和国建国23年を経て両国間の懸案となっていた正式的な国交がない状態を解決した。1979年12月、大平正芳首相の訪中時に、中国政府と調印した文化交流協定にそって、中国の大学に日本語教師を養成するために、北京で「全国日本語教師養成班」（「大平班」）が成立された。北京日本学研究センターはその後身だ。

注释

（1） 盟神探湯：有嫌疑的人在神佛前，把手伸到沸水或油锅中取小石，或赤手拿烧红的铁片，根据手是否有烫伤来判定是否有罪的审判方法。

（2） 律令：日本仿效隋唐的法律体系而建立的中央集权制度，“律”相当于刑法，“令”相当于民法。

（3） 班田収授法：自大化改新至10世纪初，日本效仿唐朝的均田法而实行的土地制度。政府每六年编造户籍，授予年满六岁公民口分田。口分田终生使用，死后收回。受田者要负担租、庸、调和杂徭。

（4） 平氏の系図：桓武天皇—平高望—平国香—平贞盛—平正盛—平忠盛—平清盛—重盛（弟：宗盛、知盛、重衡；妹：德子）—维盛

（5） 源氏の系図：清和天皇—源经基—源赖信—源赖义—源义家—源为义—源义朝—源赖朝—源赖家（弟：源实朝）—公晓

（6） 幕府：“幕”指出征的军队搭建的帐幕，“幕府”指将军出征时的府署，创始于1192年建立的镰仓幕府，此后幕府成为中央政府机构，其最高权力者称为征夷大将军。

（7） 明治維新（めいじいしん）：是明治新政府于 1868 年开始实施的自上而下的、全盘西化的现代化改革运动。新政府建立了君主立宪政体，实行了废藩置县、殖产兴业、富国强兵政策，使日本逐渐成为世界强国之一，并走上对外扩张的军国主义道路。

（8） 六大企業集団（ろくだいきぎょうしゅうだん）：三井、三菱、住友、富士、三和、第一劝银集团。

練習五

1.　次の漢字に振り仮名を付けなさい。

聖徳太子、桓武天皇、源頼朝、足利尊氏、後醍醐天皇、織田信長、豊臣秀吉、徳川家康、西郷隆盛、廃藩置県、殖産興業、鎌倉幕府、摂政関白、福沢諭吉、参勤交代、大名、座禅、武士、公家、平清盛、正倉院、城下町、倭寇、律令、空海、最澄、栄西、明治維新、中日甲午戦争、抗日戦争

2.　次のＡＢＣＤから適当なものを一つ選んで（　）に書き入れなさい。

(1) 聖徳太子は（　）と力を組んで、物部守屋の勢力を滅ぼした。

A 中臣鎌足　B 藤原道長　C 蘇我蝦夷　D 蘇我馬子

(2) 中大兄皇子は（　）らとはかって、蘇我氏を滅ぼして、大化の改新をした。

A 中臣鎌足　B 蘇我入鹿　C 平清盛　D 大友皇子

(3) 710年、首都を藤原京から平城京に移した天皇は（　）だ。

A 推古天皇　B 元明天皇　C 桓武天皇　D 後醍醐天皇

(4) 794年、首都を長岡京から平安京に移した天皇は（　）だ。

A 明治天皇　B 元明天皇　C 桓武天皇　D 神武天皇

(5) 平家を滅ぼして、鎌倉幕府を設立した将軍は（　）だ。

A 源頼朝　B 源義経　C 北条時政　D 足利義満

(6) 鎌倉幕府を滅ぼして、室町幕府を設立した将軍は（　）だ。

A 足利尊氏　B 足利義満　C 北条政子　D 北条時宗

(7) 万歴朝鮮戦争を起こした日本の武将は（　）だ。

A 織田信長　B 豊臣秀吉　C 徳川家康　D 東条英機

(8) 井上靖の小説『天平の甍』に書かれたのは前後6回日本に渡って、奈良で唐招提寺を建立した律宗の開祖の（　）だ。

A 蘭渓道隆　B 一山一寧　C 朱舜水　D 鑑真和上

(9) 天龍寺船貿易は天龍寺造営の費用を賄うために室町幕府が許可した対中国貿易だ。その天龍とは（　）だ。

A 安徳天皇　B 崇徳上皇　C 後醍醐天皇　D 徳川家康

(10) (　　)、抗日戦争が始まった。

A 1921年　　B 1931年　　C 1937年　　D 1941年

3. 次の質問に答えなさい。

(1) 弥生時代に日本の基礎文化である稲作文化はどのように形成されましたか。

(2) 大化の改新によって、日本の国家作りはどのように進みましたか。

(3) 遣唐使の派遣で、日本の社会はどのように変わりましたか。

(4) 明治維新のことを説明してください。

(5) 奈良仏教と平安仏教と鎌倉仏教とはどう違いますか。

第六章　政治

一　日本国憲法

1946年11月3日、日本は天皇主権を特色とする『大日本帝国憲法』の代わりに、新しい『日本国憲法』を公布し、1947年5月3日に施行した。『日本国憲法』は、国の最高法規で、その条規に反する法律、命令、詔勅及び国務に関するその他の行為の全部又は一部は、その効力を有しないと書いてある。この憲法は基本的人権の保障、国民主権、戦争の放棄、象徴天皇制、議院内閣制、司法権の独立、地方自治、政教分離などからなる。そのうち、基本的人権の保障、国民主権、戦争の放棄は『日本国憲法』の三大原理となっている。

『日本国憲法』により、天皇は日本国と日本国民統合との象徴で、この地位は、主権の存する日本国民の総意に基づく。皇位は、世襲のもので、国会の議決した皇室典範の定めるところにより、これを継承する。天皇の国事に関するすべての行為には、内閣の助言と承認を必要とし、内閣がその責任を負う。天皇は、この憲法の定める国事に関する行為のみを行い、国政に関する権能を有しない。天皇は、内閣の助言と承認により、国民のために、次の国事に関する行為を行う。

(1) 国会の指名に基づく内閣総理大臣の任命

(2) 内閣の指名に基づく最高裁判所の長たる裁判官の任命

(3) 憲法改正、法律、政令及び条約の公布

(4) 国会の召集

(5) 衆議院の解散

(6) 国会議員の総選挙の施行の公示

(7) 国務大臣等の任免の認証

(8) 全権委任状及び大使・公使の信任状の認証

(9) 大赦、特赦、減刑、刑の執行の免除及び復権の認証

(10) 栄典の授与

(11) 条約の批准書及びその他の外交文書の認証

(12) 外国の大使・公使の接受

(13) 儀式の挙行

皇室財産はすべて国に属する。皇室の費用はすべて予算に計上して、国会の議決を経なければならない。

基本的人権に関しては、「この憲法が国民に保障する基本的人権は、侵すことのできない永久の権利として、現在及び将来の国民に与えられる」と規定されている。基本的人権とは、個人の尊重、思想・信教・集会・学問・職業選択の自由などの自由権、参政権、生存権、平等権、財産権、義務教育、勤労の権利、納税の義務、裁判を受ける権利、住居侵入の不可侵などを指す。国民主権とは、国民が国会の議員を通じてその権力を行使し、『日本国憲法』では「主権が国民に存すること」を宣言した。

『日本国憲法』の前文と第 9 条には「平和主義、国際協調主義と戦争の放棄」と決まっている。憲法の前文には「日本国民は、恒久の平和を念願し」、第 9 条には「日本国民は…国際平和を誠実に希求し、国権の発動たる戦争と、武力による威嚇又は武力の行使は、国際紛争を解決する手段としては、永久にこれを放棄する。」「陸海空軍その他の戦力は、これを保持しない。国の交戦権は、これを認めない」と明記してある。しかし、自民党は、現憲法は米国に押し付けられたという立場から、憲法改正を党是として、自衛隊を「国防軍」に改めようとしている。憲法第 96 条では、憲法改正の手続きは、「各議院の総議員の三分の二以上の賛成で、国会が、これを発議し、国民に提案してその承認を得なければならない。この承

認には、特別の国民投票又は国会の定める選挙の際行われる投票において、その過半数の賛成を必要とする」と定めている。

二　三権分立

三権分立とは、立法権は国会に、行政権は内閣に、司法権は最高裁判所と下級裁判所に属する制度だ。国会は国権の最高機関で、国の唯一の立法機関だ。国会は衆議院と参議院で構成され、衆議院の定員は465名で、議員の任期は4年とするが、衆議院解散の場合にはその期間満了前に終了する。参議院の定員は242名で、議員の任期は6年とし、三年ごとに、議員の半数を改選する。国会の常会は毎年一回召集され、内閣は国会の臨時会の召集を決定することができる。衆議院が解散されたときは、参議院も同時に閉会となる。両議院は、それぞれその総議員の三分の一以上の出席がなければ、国会を開いて議決することができない。両議員の議事は、出席議員の過半数でこれを決し、可否同数のときは、議長の決するところによる。衆議院で可決し、参議院でこれと異なった議決をした法律案は、衆議院で出席議員の三分の二以上の多数で再び可決したときは、法律となる。

1947年5月3日に現行憲法が施行された同時に「内閣法」が施行されて、現在の内閣制度が確立した。議院内閣制という基本的枠組みの下で、内閣は行政権の主体として位置付けられることとなった。

内閣は、法律の定めるところにより、その首長たる内閣総理大臣及びその他の国務大臣でこれを組織する。国務大臣の定数は、内閣法により、14人以内とされている。その行政機関には、内閣府及び復興庁のほか、総務、法務、外務、財務、文部科学、厚生労働、農林水産、経済産業、国土交通、環境、防衛の11省がある。内閣総理大臣と国務大臣は、文民でなければならない。内閣は、行政権の行使について、国会に連帯責任を負う。内閣総理大臣は、国会議員の中から国会の議決で指名され、国務大臣を任命する。しかし、国務大臣の過半数は、国会議員の中から選ばなければならない。内閣は、衆議院で不信任の議決案を可決し、又は信任の決議案を否決したときは、十日以内に衆議院が解散されない限り、総辞職をしなければならない。内閣総理大臣は、内閣を代表して議案を国会に提出し、一般国務及び外交関係について国会に報告し、並びに行政各部を指揮監督する。具体的な行政事務は、内閣の統轄のもとに内閣府及び 11 の省が設置され、さらにこれらの府又は省の外局として設置されている委員会又は庁などが分担管理するものとされている。

内閣は、一般行政事務の外、次の事務を行う。

(1) 法律を誠実に執行し、国務を総理すること。

(2) 外交関係を処理すること。

(3) 条約を締結すること。但し、国会の承認を経ることを必要とする。

(4) 法律の定める基準に従い、官吏に関する事務を掌理すること。

(5) 予算を作成して国会に提出して、その審議を受けること。

(6) 政令を制定すること。

(7) 大赦、特赦、減刑、刑の執行の免除及び復権を決定すること。

『日本国憲法』には次のような内閣の権能が定まっている。

(1) 最高裁判所の長たる裁判官の指名

(2) 最高裁判所の長たる裁判官以外の裁判官及び下級裁判所の裁判官の任命

(3) 国会の臨時会の召集の決定

(4) 議案の国会への提出

(5) 参議院の緊急集会の請求

(6) 予備費の支出

(7) 決算の国会への提出

(8) 財政状況についての国会及び国民への報告

1 府 11 省の主要な任務は次のとおり：

内閣府：首相直属の機関。国政の重要課題の企画と立案、皇室や公式制度に関する行政事務の処理

総務省：行政管理、地方自治、通信、郵政などの事務や総合調整

法務省：法律に関する事務や人権の保護
外務省：外交や出入国に関する行政事務
財務省：国の財政事務
文部科学省：教育、学術、文化、科学技術の振興
厚生労働省：国民の保健、社会福祉保障、雇用労働条件の整備などの事務
農林水産省：農林、畜産、水産業の事務
経済産業省：経済、産業、通商政策、エネルギーに関する事務
国土交通省：国土計画に基づく社会資本の整備と交通施策の事務
環境省：自然環境の保全、公害防止、循環型社会の構築
防衛省：自衛隊の管理と運営

司法権は、最高裁判所及び下級裁判所に属する。裁判官は、その良心に従い、独立してその職権を行い、この憲法及び法律にのみ拘束される。

最高裁判所は、その長たる裁判官及び法律の定める員数のその他の裁判官でこれを構成し、その長たる裁判官以外の裁判官は、内閣でこれを任命する。最高裁判所は、一切の法律、命令、規則又は処分が憲法に適合するかしないかを決定する権限を有する終審裁判所だ。

下級裁判所の裁判官は、最高裁判所の指名した者の名簿によって、内閣でこれを任命する。その裁判官は、任期を10年とし、再任されることができる。

三　元号

日本の元号は、中国の元号を手本にして、「大化」（645年—650年）に始まり、今は西暦とともに使用されている。「令和」は日本の248番目の年号だ。日本は昔の元号には「呪い」の意味を持たせ、何かの災いがある時、改元することがよくあった。しかし、明治天皇の時から、「一世一元」の原則があり、つまり、一代の天皇には一つの元号しかないということだ。明治時代以降、「呪い」の意味はなくなり、天皇の治世の期間を

示す記号になった。そして、戦後は天皇が在位する期間を表す時代区分となった。『元号法』（1979年）により、元号は皇位の継承があった場合に限り改め、国民の理想を表し、縁起がよく、難しくない漢字が多く使われている。元号に使われた文字の使用回数は、「永」が29回で最も多く、次いで「元」「天」が27回ある。

「令和」以外には、古代中国の『易経』『後漢書』『文選』『漢書』『史記』などの文献から元号用の文字を探し出すのが慣例だった。例えば、

明治（1868年—1912年）：「圣人南面而听天下，向明而治」（『周易・说卦』）。

大正（1912年—1926年）：「说而顺，刚中而应，大亨以正，天之道也。」（『周易・临卦』）。

昭和（1926年—1989年）：「百姓昭明协和万邦」（『尚书・尧典』）。

平成（1989年—2019年）：「地平天生」（『尚书・虞书』）、「内平外成」（『史记・五帝本纪』）。

しかし、「令和」（2019年—）という元号は日本の『万葉集』（梅の花の歌、32首の序文）から出たのだ。それは「于时初春令月、气淑风和」で、「時に、初春の令月にして、気淑く風和ぐ」という意味で、大宰府（今の福岡県）にあった、大伴旅人（『万葉集』を代表する歌人）の邸宅で催した「梅花の宴」を描いた歌の序文だ。元首相の安倍晋三は、記者会見に「令和」に決めた原因について、「一人ひとりの日本人が明日への希望とともにそれぞれの花を大きく咲かせることができる、そうした日本でありたい」と説明した。

元号制度に関しては、さまざまな意見がある。元号を西暦に直してから計算しなければならないという不便さがあるが、それは日本の時代区分を表す親しい記号として、今にも日本人の心と生活に定着し続けている。

四　外交と防衛

1945年8月15日、日本は連合国によるポツダム宣言を受け入れて降伏し

た。戦後の世界は、アメリカを中心にする西側諸国と、ソビエト連邦に率いられた東側諸国に分かれた。東側の社会主義と西側の資本主義との対立は政治、経済、外交、軍事にわたり、「冷戦」が始まった。アメリカは北大西洋条約機構（NATO）、日米安全保障条約、太平洋安全保障条約（ANZUS）などの軍事同盟網を世界に張り巡らした。そして、国際通貨基金（IMF）や関税と貿易に関する一般協定（GATT）を作り上げた。日本は西側の一員に組み込まれて、貧困、気候変動、地球環境問題、防災、水・衛生、保健、教育、農業、女性といった様々な地球規模課題に積極的に取り組んでいる。

日本は 1952 年にその主権が回復し、同年 IMF に、1955 年に GATT に、1956 年に国際連合に加盟し、国際社会への復帰を達成した。日本は国際連合を重視し、国際的な機構に積極的に参加し、財政からも国際連合を支えている国の一つだ。日本は国連平和維持活動（PKO）、政府開発援助（ODA）、知的貢献及び人材育成を 3 本柱にして、具体的な取り組みを推進している。

ODA（Official Development Assistance）とは、政府又は政府の実施機関によって開発途上国又は国際機関に供与される政府開発援助で、開発途上国の経済・社会の発展や福祉の向上に役立つために行う資金・技術提供による公的資金を用いた協力のことだ。援助の形態においては、有償資金協力、無償資金協力、技術協力、緊急援助などに分かれている。近年、従来の開発途上国への ODA にとどまらず、格差・貧困、テロ、難民、環境問題・気候変動、感染症対策などの地球規模課題にも取り組んでいる。

中日とは長い間友好交流の歴史がある。春秋戦国時代には、多くの中国人が日本に渡り、弥生時代の農耕文化を形成させた。その後、後漢の光武帝は「漢委奴国王」金印、魏国は邪馬台国の卑弥呼に「親魏倭王」、南朝は倭の五王に「安東将軍」、明は室町幕府の将軍足利義満に「日本国王」を賜った。隋、唐の時代には、日本は遣隋使と遣唐使を派遣してきて、律令国家を作り上げた。戦後、1972 年 9 月に田中角栄首相が訪中して、「中日共同声明」を発表し、中日国交正常化を実現した。その後、両国の間では、姉妹都市の提携や国際貿易などが順調に進んでいる。また、1974年に「中日貿易協定」と「中日航空協定」と「中日海運協定」、1975年に「中日漁業協定」、1978年に「中日平和友好条約」、2021年に「東アジア地域包括的経済連携（RCEP）」などが次々に締結された。1992年、国交正常化20周年に際して、天皇皇后両陛下が初の訪中をした。

アメリカとの外交に関しては、日米両国は、基本的価値及び戦略的利益を共有し、『日米安全保障条約』を中核とする強固な同盟関係にある。日本は、アメリカの国際政策と戦略体制の一環として組み込まれている。日米両国は軍事、経済、政治において緊密な関係を築いている。特に弾道ミサイル防衛、サイバー、宇宙、海洋安全保障などの幅広い分野における協力を強化している。さらに、普天間飛行場の移設や在沖縄海兵隊約9,000人のグアム島等への国外移転をはじめとする在日米軍再編についても、沖縄をはじめとする地元の負担を軽減するため、日米で緊密に連携して取り組んできている。日本政府は、在日米軍の安定的な駐留を確保し、日米安保体制の円滑かつ効果的な運用を実現していくことが重要であるとの観点から、日米地位協定の範囲内で、米軍施設・区域の土地の借料、提供施設整備費などを負担しているほか、在日米軍の労務費や光熱水料及び訓練移転費などを負担している。在日米軍の軍事基地問題をめぐり、日米の間で政治的な課題がしばしば発生し、日本国民の感情問題に発展することもある。

敗戦後の日本は、アメリカ軍の占領下に置かれた。アメリカは、さらに1951年に締結された『サンフランシスコ平和条約』と『日米安保条約』では、沖縄の占領支配を継続するとともに、日本本土においても、占領下に各地に作った米軍基地の主要部分を存続させ、アメリカの世界戦略の半永久的な前線基地という役割を日本に押しつけた。『日米安保条約』は、1960年に改定されたが、それは、基地貸与条約という性格にくわえ、有事のさいに米軍と共同して戦う日米共同作戦条項や日米経済協力の条項などを盛り込み、日本をアメリカの戦争に巻き込む対米従属的な軍事同盟条約に強化したものだった。

日米貿易においては、2018年日本からアメリカへの輸出額は約15兆4,702億円（前年度比+2.4%）、アメリカからの輸入額は約9兆149億円（前年度比+10.5%）となっていて、輸入は大幅に増長しているが、相変わらず黒字になっている。日本からアメリカへの輸出は自動車、自動車部品、建設用・鉱山用機械、航空機類に、アメリカからの輸入品は原動機、穀物類、航空機類、医薬品、科学光学機器に集中している。

また、日本は東アジアや東南アジアとの関係が深い。

日本は東南アジア諸国連合（ASEAN）と定期的に首脳会談を行い、東南アジア諸国との関係を重視している。特に、輸入した原油はほとんどマラッカ海峡を通過するので、原油の輸入ルートを大事にしている。西アジアは日本の主な原油供給地域なので、経済的には密接的な関係を保っている。

日本の防衛に関しては、『日本国憲法』には軍隊と交戦権の放棄と書いてあり、戦後の日本は非武装国家となったが、1950年朝鮮戦争がはじまると、警察予備隊を創設した。1954年にそれが陸海空自衛隊に発展した。核兵器に関しては、世界で唯一の被爆国として、「核兵器を持たず、作らず、持ち込ませず」という非核三原則を、佐藤栄作以降歴代の総理大臣が守っている。2007年、内閣の防衛庁が防衛省に昇格し、約24万人の自衛官がいる。

日本の安全保障政策の基本は、日本は適切な防衛力の整備に努め、日米安全保障体制を堅持するとともに、日本を取り巻く国際環境の安定を確保するための外交努力や国際平和協力を推進することになっている。

日本は、「核兵器のない世界」の実現に向け、「軍縮・不拡散イニシアティブ（NPDI）」の主導、国連総会への核軍縮決議の提出、包括的核実験禁止条約（CTBT）等の発効に向けた働きかけなど、国際社会による核軍縮・不拡散の議論を主導している。

軍事面では、日本政府は、アメリカの戦争計画の一翼を担いながら、自衛隊の海外派兵の範囲と水準を一歩一歩拡大し、海外派兵を既成事実化するとともに、それをテコに有事立法や集団的自衛権行使へ踏み込んだ。

五　政党

第二次世界大戦の後、日本の議会政治は自由党、社会党、共産党、進歩党、協同党の5党体制で出発した。しかし、日本の政党は離合集散を繰り返し、その移り変わりが激しい。国会で過半数の議席を獲得した党の党首が総理大臣に推薦され、組閣することになっている。1955年、自由党と日本民主党が統一して自由民主党（略して自民党という）が誕生した。その以降、たまに連立政権もあったが、ほとんど自民党が与党として政権を握っていて、社会党や共産党などは野党となっている。その自民党の一党支配体制を55年体制という。次に日本の主要政党を紹介する。

1、自民党：1955年11月に結成され、日本最大の保守政党だ。党員数は約100万人いる。1955年から1993年までは一党支配で、ずっと日本の与党だった。自民党は政権を取ってから、すぐにソビエトと国交回復し、国連に加盟した。自民党の施政が成功で、1955年から1990年ごろバブル崩壊するまで、日本は経済の高度成長を維持して、経済大国になった。自民党は国民政党、平和主義政党、真の民主主義政党、議会主義政党、進歩的政党、福祉国家の実現をはかる政党だとアピールしている。

立党宣言：政治は国民のもの、即ちその使命と任務は、内に民生を安定させ、公共の福祉を増進し、外に自主独立の権威を回復し、平和の諸条件を調整確立するにある。自民党は、この使命と任務に鑑み、民主政治の本義に立脚して、広く国民大衆とともにその責務を全うすることを誓う。

政治理念：第一に、ひたすら議会民主政治の大道を歩むにある。第二に、個人の自由と人格の尊厳を社会秩序の基本的条件となす。

自民党の基本的政策：

(1) 日本らしい日本の姿を示し、世界に貢献できる新憲法の制定を目指す。

(2) 日本の主権は自らの努力により護る。国際社会の現実に即した責務を果たすとともに、一国平和主義的観念論を排す。

(3) 自助自立する個人を尊重し、その条件を整えるとともに、共助・公助する仕組を充実する。

(4) 自律と秩序ある市場経済を確立する。

(5) 地域社会と家族の絆・温かさを再生する。

(6) 政府は全ての人に公正な政策や条件づくりに努める。

(7) 将来の納税者の汗の結晶の使用選択権を奪わぬよう、財政の効率化と税制改正により財政を再建する。

2、立憲民主党：2017 年 10 月 2 日に、枝野幸男代表をはじめ、一部の民進党（2016 年に民主党と維新党が結成した党）の党員が民進党を離脱して結成し、2020 年 9 月 10 日に国民民主党と合併した日本最大の野党だ。立憲主義とは、政治権力が独裁化され、一部の人たちが恣意的に支配することを、憲法や法律などによって、抑制しようとする立場だ。立憲民主党とは、日本に立憲主義を回復させ、互いの違いを認め合い、ともに支え合う社会を実現する政党だ。

立憲民主党は立憲主義に基づき、外交・安全保障、共生社会、教育、暮らしの安心、経済・産業、エネルギー、環境、震災復興などにおいて、具体的な政策を立てている。例えば、専守防衛のための自衛力を着実に整備して国民の生命・財産、領土・領海・領空を守り、健全な日米同盟を軸とし、近隣諸国をはじめとする世界との共生を実現し、在日米軍基地問題については、地元の基地負担軽減を進め、日米地位協定の改定を提起し、非核三原則を堅持し、原発ゼロを一日も早く実現するため原発ゼロ基本法を制定する。

その綱領は次のとおり：

(1) 立憲主義を守り、草の根からの民主主義を実践すること。

(2) 未来への責任をまっとうし、活力ある共生社会をつくること。

(3) 公正な分配により人間のための経済を実現すること。

(4) 国を守り、国際社会の平和と繁栄に貢献すること。

3、公明党：創価学会を支持母体として、1964 年に結成された中道政党だ。2019 年現在、党員数は 44 万人いる。その綱領には、公明党は、人間・人類の幸福追求を目的とする国民政党で、生活者優先を基調とする文化・福祉国家の実現に全力を期して、人類共同体意識を持って、「国益」から「地球益」「人類益」優先へと切り替える「人類」的意識を持つべきで、利他の精神に立って、自覚的に全人類の利益、全世界への貢献を求めていくべきだと書いてある。その立党精神は「大衆とともに語り、大衆とともに戦い、大衆の中に死んでいく」とのことだ。外交政策においては、日米同盟を強化し、中国とは人的交流や経済、環境など様々な分野の実務的協力を進め、戦略的互恵関係を発展させることと、日中間の偶発的な衝突回避のため、「海空連絡メカニズム」の早期運用開始を強調している。

公明党は1998年に「新党平和」と合流し、1999年以降、自民党などと協力して、何回も連立内閣が発足した。

4、日本共産党：1922年7月15日、科学的社会主義を理論的な基礎とする政党として、創立された。当時、日本が起こした侵略戦争に政党として唯一反対を貫いたので、治安維持法で大弾圧を受け、多くの党員が命を落とした。党員数は約40万人いる。

戦後、日本が過去に行った侵略戦争を反省し、アジア諸国との友好・交流を重視している。日本共産党は他国から干渉を受けない「自主独立」の立場を確立し、武力革命路線も明確に否定し、「資本主義の枠内での民主主義革命」「議会を通じての改革」「統一戦線の政府」などを綱領で決定した。

国の安全保障・外交の分野では、日米安保条約を廃棄し、アメリカ軍とその軍事基地を撤退させ、対等平等の立場にもとづく日米友好条約を結ぶと主張している。自衛隊については、海外派兵立法をやめ、軍縮の措置を取り、自衛隊の解消に向かっての前進をはかっている。また、核戦争の防止と核兵器の廃絶、各国人民の民族自決権の擁護、全般的軍縮とすべての軍事同盟の解体、外国軍事基地の撤去を目指している。

経済面でも、アメリカによる不当な介入を許さず、金融・為替・貿易を含むあらゆる分野で自主性を確立し、すべての国と友好関係を結ぶ平和・

中立・非同盟の道を進み、非同盟諸国会議に参加する。

日本の社会発展の次の段階では、資本主義を乗り越え、社会主義・共産主義の社会への前進をはかる社会主義的変革が、課題となる。日本における社会主義的変革は、国民の合意のもと、一歩一歩の段階的な前進を必要とする長期の過程で、発達した資本主義の国での社会主義・共産主義への前進をめざす取り組みは、21 世紀の新しい世界史的な課題だと日本共産党が判断している。

注释

（1）国会：日本国会由众议院、参议院组成，是最高权力机关和唯一的立法机关。众议院定员为 465 名，任期 4 年。首相有权解散众议院，举行大选。参议院定员为 242 名。参议员任期 6 年，每 3 年改选半数，不得中途解散。在权力上，众议院优于参议院。首相由国会推选。

（2）裁判所：日本的法院分为简易裁判所、家庭裁判所、地方裁判所、高等裁判所、最高裁判所 5 类，实行 3 审终审制。简易裁判所对索赔额不超过 90 万日元的民事案件及轻微的刑事案件有一审管辖权。家庭裁判所审理家庭事务及未成年人犯罪案件。地方裁判所对不服简易裁判所作出的民事判决的上诉案件有管辖权。高等裁判所审理对地方裁判所及家庭裁判所的判决不服而提起上诉的案件，其分布于日本的 8 个主要城市，院长由内阁任命。最高裁判所行使程序法典中规定的“上告”和“抗告”两类上诉案件的管辖权。

（3）地方自治：根据《地方自治法》，日本的地方自治制度由 47 个都道府县与区市町村构成。截至 2015 年 1 月 1 日，日本共有 790 个市、745 个町、183 个村。内阁的总务省负责监督地方自治体的事务（如选举制度、公务员制度、市政规划等），都道府县的行政长官叫知事，由选举产生。地方自治体的资金和政策导向来自中央，所以，仍受到中央的制约。

（4）自由党：日本在不同的历史时期有过不同的自由党。最早的自由党由自由民权运动领袖板垣退助于 1881 年 10 月创立，这也是日本的第一个政党，于 1884 年被解散。1890 年板垣组建立宪自由党，1898 年立宪自由党与大隈重信组建的立宪进步党合并，成立宪政党，大隈重信开创了日本的政党内阁时代，宪政党后来加入伊藤博文创建的立宪政友会（1900 年成立）。1945 年 10 月，旧立宪政友会正统派系鸠山一郎等组建自由党,1955 年自由党与民主党合并为自由民主党,并长期执政,形成“55 年体制”。1998 年，小泽一郎解散新进党，组建自由党，2019 年，自由党并入日本国民民主党。

（5） 日本民主党（にほんみんしゅとう）：1998 年，由原日本民主党、民政党、友爱新党、民主改革联合 4 个在野党组建而成。2009 年成为执政党，2012 年成为在野党。2016 年，日本民主党与维新党合并组建日本民进党，2017 年又改名为立宪民主党。

練習六

1. 次の漢字に振り仮名を付けなさい。

内閣総理大臣、国際通貨基金、文部科学省、社会主義、共産主義、軍事基地、姉妹都市、市場経済、資本主義、衆議院、参議院、外務省、財務省、裁判所、自民党、共産党、公明党、自衛権、自衛隊、元号、令和、同盟、国連、条約、綱領、納税、保障、憲法、国会、首相

2. 次のＡＢＣＤから適当なものを一つ選んで（　）に書き入れなさい。

(1) 日本国憲法の三大基本原理は基本的人権の保障、国民主権と（　）だ。
A 政教分離　B 象徴天皇制　C 議院内閣制　D 戦争の放棄

(2) 国会で多数を占める政党が（　）を組織する。
A 内閣　B 閣議　C 参議院　D 衆議院

(3) 日本国憲法により、立法権は（　）に属する。
A 天皇　B 国会　C 内閣　D 最高裁判所

(4) 衆議院議員の選挙は（　）で行われる。
A 都道府県別選挙区　B 非拘束名簿式比例代表制
C 中選挙区制　D 小選挙区・比例代表並立制

(5) 1府11省の各大臣と省庁の行政を統括するのは（　）だ。
A 首相　B 官房長官　C 閣僚　D 特命担当大臣

(6) 日本では、国権の最高機関は（　）だ。
A 国会　B 内閣府　C 宮内庁　D 国会議事堂

(7) 連立内閣はいくつかの（　）が協力して内閣を作るとのことだ。
A 与党　B 野党　C 政党　D 無党派

(8) 公明党を支持している宗教団体は（　）だ。
A 新宗連　B 創価学会　C 天理教　D 霊友会

(9) 日本は立憲制と（　）を取っている資本主義の国だ。
A 国会　B 立憲君主制　C 象徴天皇制　D 主権在君制

(10) 日本の政体は立法、司法、行政の三権分立を基礎とする（　）だ。
A 民主制　B 連邦制　C 大統領制　D 議院内閣制

3. 次の質問に答えなさい。

(1)『日本国憲法』はどんな憲法だと思いますか。

(2) 象徴天皇制はどんな制度ですか。

(3) 内閣はどんな行政権を持っていますか。

(4) 日本の選挙制はどうなっていますか。

(5) 日本共産党はどんな政党ですか。

第七章　経済

一　戦後の経済発展

1、経済復興期（1945年—1950年）

第二次世界大戦は日本の経済に壊滅的な打撃を与えた。戦時中、日本の産業構造が軍需中心型に転換され、また敗戦直前に日本の国土が戦場になり、生産能力を大幅に失った。敗戦後、国民は戦争から解放され、消費財に対する需要が供給を上回る大規模なインフレが発生した。1945年のインフレ率は51.1％を記録したが、それが1946年には364.5％、1947年には195％、1948年には165％と続いた。

敗戦直後、連合国軍最高司令官司令部（GHQ）の占領政策は、①憲法改正による民主主義制度の導入、②非軍事化、③農業制度や労働制度や産業制度の改革などだった。農地改革においては、不在地主の土地は全部、在村地主でも1町歩（約1ヘクタール）を残して後は全部国家が介入してその所有権を耕作者への譲渡を義務づけた。それで、戦争を支持した大地主の勢力が弱まった。農地改革により農業の生産性が上昇した。労働の民主化においては、占領軍の指令により、労働組合法、労働基準法、労働関係調整法が制定され、労働組合の組織率が急速に高まった。その後、終身雇用制、年功序列賃金制、企業別労働組合を3本柱にする日本型の労使関係が定着した。産業制度の改革においては、軍需工業の停止、財閥解体などが進められた。1947年に公布した独占禁止法や過度経済力集中排除法により、財閥の指導者が追放され、その持ち株は処分された。

戦後、日本政府は復興金融金庫を設立して、生産部門に政府の資金を投入して、石炭や鉄鋼をまず増産させる傾斜式生産方式を取っていた。1948年後半になって、アメリカは冷戦下のアジアにおける日本の重要性を認識し、戦争賠償金を大幅に切り下げ、経済復興を促進することを決めた。生産が上昇してくると、闇市が消え、インフレが次第に下がってきた。

1950年6月に朝鮮戦争が始まって、日本は米軍の補給基地になり、その経済は米軍の特需で一気に回復した。インフレは収束し、長期生産増強の基礎が出来上がって、1950年以降の高度成長期を迎える条件が整った。

2、高度成長期（1950年—1973年）

朝鮮戦争の特需で、企業は輸出によって外貨を多く儲かった。そのお金で、企業は設備を投資し、外国技術を導入した。政府は日本開発銀行と日本輸出入銀行を設立して、企業に融資して、輸出振興をはかった。

高度成長をもたらした要因は、労働力人口の増加、高等教育への進学率の向上、機械設備の投資、外国からの技術導入、農村から都会の製造業への労働人口移動、低金利政策、政府の貿易保護、円安（1ドル＝360円の固定相場制）、日本型の労使関係などいろいろあげられる。

1950年から1973年の石油危機に至るまで、日本経済の平均成長率は10%続いてきた。ブームを数えれば、次のとおり：

朝鮮戦争ブーム（1950年—1951年）：1951年7月に休戦会談が始まり、それは特需の切れ目になった。

投資・消費景気（1951年—1954年）：民間企業の投資は電力、海運、鉄鋼、石油を中心に大幅に増加した。国民の購買力も上昇し、消費景気を迎えてきた。

神武景気（1955年—1957年）：1955年から日本は輸出景気、投資景気で、神武天皇（神話に登場した初任天皇）以来の未曾有の好況だということで、「神武景気」と名付けられた。1956年度の『経済白書』には「もはや戦後ではない」と書いてあり、景気拡大が非常に速かった。消費においては、白黒テレビ、洗濯機、冷蔵庫という「三種の神器」が登場した。

岩戸景気（1959年—1961年）：それは神武天皇よりさかのぼる「天の岩戸」（高天原にある、天照大神がこもった洞窟）以来の景気という意味だ。1960年度の白書は当時の消費ブームを「消費革命」と呼んで、大衆消費社会の幕が開かれた。

イザナギ景気（1965年—1970年）：この前、1964年のオリンピック景気もあるが、イザナギ景気は戦後最長の好況で、日本の国を作った創世神「伊邪那岐」（天照大神の父）で名付け、伊邪那岐以来の景気という意味だ。この間、1ドル＝360円という為替レートと安い原油は日本製造業の国際競争力を支えた。1967年以後、日本は従来の債務国から債権国に転じ、1968年に日本の国民総生産（GNP）は米ソに次ぐ世界第3位になった。重化学工業、鉄鋼、造船の生産が増加し、世界経済に占める比重は急激に上昇した。

3、第一次石油ショック（1973年—1974年）

1973年10月、第4次中東戦争が始まった。石油輸出国機構（OPEC）加盟国が原油価格を一挙に4倍に引き上げ、しかも供給を極端に制限した。日本はエネルギーの大半を輸入原油に頼ったので、インフレと不況に陥った。原油が不足すると、発電ができなく、石油を原料とする商品の価格が1～2か月のうちに数倍にも値上がりした。1960年代の成長率が11%あったのに、1970年代は5%へと半減した。経済成長率の減速は石油ショックだけでなく、1971年円の切り上げによるニクソンショックもあり、1973年田中角栄首相の列島改造論による金融緩和政策とも関わった。当時、日本は各地で大規模な公共投資を展開していて、公共事業を支えるために金融が極端に緩和された。そんな原因で、1974年に、経済成長率は-1.4%になり、インフレ率は24.5%を記録した。狂乱物価が発生したため、1974年の春闘では、労働者賃金率が前年比で27%も上昇した。

このように、輸入原材料が高騰し、賃金も急騰し、企業は急騰した生産要素価格を消費者に転嫁して、消費者物価が上昇した。すると、労働者が生活のためにまた賃上げを要求する。賃金と物価が順番に螺旋階段を登るように高騰していく現象が起こった。

石油ショックにより、「成長はいつまでも続く」という成長神話が崩れ、日本経済の将来を悲観する見方が支配的になった。そのため、企業は投資や新規雇用を差し控え、家計は消費を減らし、将来に備えて貯蓄を増やした。このようにして、供給面では原油価格と賃金の上昇が生産を抑え、需要面では消費と投資が減少し、不況に陥った。

4、低成長期（1975年—1985年）

石油ショックによる不況を脱出するために、日本の企業は石油依存率を低下させる省エネ型技術の開発や輸出市場の拡大に努めた。そして、自動車、家電、電子機器などの製造と販売における効率を高める工夫をした。また、労使が協調して、賃金の上昇率をインフレ率以下に抑えることに成功した。そのため、石油ショックのダメージをきわめて狭い範囲に限定することができた。1970年代半ばから1980年代にかけて、日本経済は再び活性化していった。しかし、成長率は4%ぐらいに止まって、1960年代の10%まで復元することはなかった。低成長には次のような原因がある。

(1) 民間設備投資の実質増加率は、1956年—1973年の間は年平均16%あったが、1974年—1985年では3.9%に下落した。投資が停滞したのは、石油ショックで企業利潤が抑えられ、投資の収益率が低下したからだ。

(2) 1970年ごろまで日本のキャッチアップ期が終わり、欧米の技術を導入しても、生産性が大きく上がらなかった。新技術を独自に開発してもコストがかかる。

(3) 政府の公共投資が生産優先型から生活関連投資の比重を高めたことも、民間投資の収益率を低下させた原因の一つだ。高度成長期には政府の投融資が鉄道、道路、港湾、電力開発などに使ったが、低成長期には公営住宅、病院、公園、上下水道などの生活インフラ整備に振り分けられた。

(4) 企業が社会的責任や公害関連支出を増やした。

(5) 日本の輸出規模が拡大するにつれ、国際市場で外国産業との競争や貿易摩擦が激しくなった。

5、バブル経済と長期不況

1980年代後期、アメリカは高金利政策を取って、ドル高・円安が年々進行し、1980年末には1ドル＝203円だったが、1985年2月には1ドル＝263円までになった。ドル高で、アメリカは双子の赤字（財政赤字と経常収支の赤字）になった。日米独英仏はそれが世界経済に与える悪影響を懸念して、1985年9月にその先進五か国蔵相と中央銀行総裁はニューヨークのプラザホテルで会談し、ドル高是正のための政策協調で一致した。このプラザ合意を契機にして、各国の中央銀行はドル売りの政策を実施し、日本円は急速に上がり、1985年末に1ドル＝200円、1995年4月19日には1ドル＝79.75円まで上昇した。日本は急速に円高不況に陥った。日本政府は円高による輸出産業の不況を懸念して、公定歩合を引き下げ、大規模な公共事業を投資した。金融緩和政策を取ったので、過剰な流動性を生み、これが資産市場でバブルを生んだ。日本では、1980年代の後半期は、地価や株価などの資産価格の高騰期だった。日経平均株価は1985年末の1万3,128円から1989年末には3万円8,915円の史上最高値まで約3倍に騰貴した。地価も、1985年から1990年まで約3倍上昇した。地価騰貴は土地の投機的売買を盛んにさせ、それがさらに地価を上昇させた。銀行からの融資で土地を購入し、それをすぐに売却して利益を得るという「土地ころがし」が行われた。東京証券取引所上場の株式の時価総額は一時的には世界一を誇って、1990年東京の土地の総額はアメリカのそれを上回ったほど異常に高かった。この時期に、ノンバンクを含めた金融機関が株式や土地を担保して、融資競争を行って、それはバブル崩壊後の1990年代に吹き上げた不良債権問題を招いた。

1989年8月に、海部俊樹内閣が登場し、バブル抑制の政策を取った。12月に土地基本法が公布され、投機的な取引の抑制が明記された。1990年に入ると、日本銀行は金融引き締めを強め、公定歩合を1989年5月の2.5%から1990年の6%に上げた。株価は、1990年初から下落し、10月には2万円を切り、株価のバブルは崩壊し始めた。

地価対策としては、1990年4月から金融機関に不動産融資の総量規制実施が指示され、与党の自民党は12月の土地税制改革大綱で、1992年から土地保有税（地価税）導入を決定した。このような地価抑制の動きで、地価は1990年をピークに翌年から暴落し始めた。

バブル崩壊で、個人の消費性向は低くなり、企業の財務は悪化した。金融機関は土地を担保とした貸し出しの多くが不良債権になった。1995年末で、公表不良債権は、都市銀行や地方銀行や農協や信用組合を含めた預金取扱金融機関全体を合計した残高で、38.1兆円あった。1990年代の始めから、不良債権を抱えた地方の金融機関はまず破綻した。1995年には住宅金融専門会社、1997年には日産生命保険、三洋証券、北海道拓殖銀行、三一証券、1998年には日本長期信用銀行、1999年には国民銀行、2000年には第一火災海上保険などの保険会社や銀行は次々と破綻した。

バブル崩壊後、日本政府は金融再生法や金融健全法などを公布し、財政資金を金融機関に投入した。金融機関は国際競争力を強化するために、2005年までに、株式会社三菱UFJフィナンシャルグループ（三菱日联金融集団）、みずほフィナンシャルグループ（瑞穂金融集団）、三井住友フィナンシャルグループ（三井住友金融集団）という3大金融持株会社グループに集約された。

しかし、経済の成長率が長く低下し、消費税（1989年4月導入、3%）の税率が引き上げられ（1997年4月、5%へ；2014年4月、8%へ；2019年10月、10%へ）、労働者の所得が減額され、消費が削減され、日本経済は平成不況に陥った。

バブル崩壊後、日本政府は金融システムの救済・再編成政策、景気回復政策、経済・財政構造改革、総合経済対策、国営企業の民営化などの政策を実施した。公定歩合も1991年7月に緩和に転じ、1993年9月にバブル期の2.5%を下回る1.75%までに低下した。1999年2月には、日本はゼロ金利政策を取った。

銀行が貸し倒れのリスクが大きい企業には貸さなくなったので、中小企業は次々と倒産された。長い不況のなかで、会社は終身雇用制を維持することが困難になり、人員整理をして、正規労働者の新規採用を抑えてパートタイム労働者や派遣社員に切り替えたり、年功序列型賃金体系を能力給体系に置き換えたりして、日本的な労使関係が変わった。

不況が長引いても、日本の製造業は国際競争力を失っていない。依然として世界に製品や技術を輸出している。国際貿易の黒字も伸びている。技術開発においても、世界に高く評価されている。自動車、機械、電気、電子、金属素材などの分野では、日本は相変わらず世界で高いシェアを占めていて、物造り大国としての日本はなお健在だ。戦後の日本産業には、繊維、鉄鋼、石油化学、造船、家電製品、自動車、半導体などのリーディング産業が次々と現れ、経済をリードしてきた。近年では、医療・介護分野、環境分野、燃料電池、ロボット、電気自動車などの産業が動き始めた。

日本政府は近年、東日本大震災の復興や放射性廃棄物の処分に取り組んできて、2021年には「東京オリンピック・パラリンピック」を主催し、経済再生への道を歩んでいる。安倍内閣の経済政策はアベノミクスとも言い、主に「三本の矢」からなっている。それは日本銀行の金融緩和、公共事業を通じて景気を刺激する財政政策、規制緩和や減税で民間投資を増やす成長戦略という。そのほかに、外国人労働者の受け入れ拡大、女性の活躍、法人税率の引き下げなどの政策を取り、日本はバブル崩壊によるデフレ脱却を実現した。1997年アジア金融危機以来、日本経済は長期的に停滞している。2012年の名目GDPは1997年より減少した。2013年アベノミクスを実施してから、経済が増長し、株価が上がり、企業の利益も増加した。アベノミクスはある程度の実績を取ったが、インフレ2%の目標に達成できず、日本経済は相変わらず低金利、低成長、低インフレの「三低」が継続しているままだ。

2020年新型コロナウィルス感染症の流行で、日本経済は深刻な打撃を受けた。日本政府はデジタル事業に遅れていると気づき、2021年にデジタル庁を設置した。また、2020年に政府が「2050年カーボンニュートラルに伴うグリーン成長戦略」を打ち出して、今後日本は貿易摩擦や地球温暖化問題や資源問題などを抱えながら、IT革命、グリーン産業が成長するだろう。

二　国際貿易

国際貿易とは外国の相手と商品やサービスの売買の取引をすることで、外国に商品を売ることを輸出、外国から買うことを輸入と言う。外国で商品を買って、別の外国にその商品を売ることは三国間貿易と言う。貿易の役回りには輸出入業者、銀行、運輸業者、保険業者、税関、海運貨物取扱業者（通関業者）などがある。日本の国際貿易はほとんど三菱商事、三井物産、伊藤忠商事、丸紅商事、住友商事という五大総合商社が独占している。総合商社は次のような役割を果たしている。

(1) 商社の中心的な役割は国内同士、日本と外国、外国と外国の売買取引がスムーズに行われるように仲介・調整をすることだ。

(2) 世界各地のありとあらゆる幅広い情報を集めて、分析し、それらを生かして新しいビジネスを生み出す。

(3) 大型プロジェクトを推進するために、商社はいろいろな会社をまとめてグループを作る。

(4) 陸海空を問わず、商取引を進める上で最も適した物流手段を提供している。

(5) 銀行とは異なる商社独自の金融機能を提供している。

2019年の貿易額によれば、日本はアメリカ、中国、ドイツ、イギリスに次いで、世界で5番目の貿易大国だ。日本は資源が乏しく、原油などの燃料資源や工業原料などの大部分を海外から輸入して、それを加工・製品化して輸出する加工貿易をしている。戦後は、原材料・素材加工型製品、軽工業・雑貨品の輸出が中心だったが、1960年代は鉄鋼、船舶など重化学工業が輸出の主力となった。1970～1980年代は、電子・電気機器、輸送機器、精密機器など加工組立型製品の輸出が主力となった。

1980年代、経済の高度成長期には、貿易摩擦が生じたので、日本メーカーの海外進出、海外現地生産が積極的に進められた。1990年代に入ると、自動車やIT（情報技術）などの高度な技術力や知識力を必要とする高付加価値のハイテク製品をめぐる競争時代となった。現在では、経済グローバル化時代を迎え、バイオ(生物工学)や太陽光発電などの新エネルギーなど新たな産業分野も生まれ、産業・ビジネスの環境は変わり、さらに中国など新興国の台頭や各国間での自由貿易協定（FTA）の締結など、新たな競争時代を迎えて、日本の産業・貿易構造は大きな転換期に直面している。

日本の貿易で、輸出額が多いのは、自動車などの輸送用機器や原動機などの一般機械、半導体などの電気機器、科学光学機器、鉄鋼、プラスチックなどの化学製品などの製品だ。輸入額が多いのは、鉱物性燃料（原油・石炭・液化天然ガスなど）、衣類、食品などだ。

近年、自動車の輸出額はもっとも大きく、主にアメリカへ輸出しているが、オーストラリア、中国、アラブ首長国連邦、カナダへと全世界に拡がっている。自動車を組み立てるために使う部品類の輸出は、アメリカ、中国、タイの順となっている。鉄鋼は、中国、タイ、韓国向けの輸出が多い。半導体などの電子部品（IC等）、映像機器、通信機などの電気機器の輸出はアメリカとドイツ向けが多い。

日本の輸入の主要品目は、原油および粗油、液化天然ガスなどの鉱物性燃料だ。それらは発電や自動車などの燃料に使われて、原油はサウジアラビア、アラブ首長国連邦など中東から多く輸入している。発電の燃料や都市ガスなどの原料となる鉱物性燃料の輸入はオーストラリア、マレーシア、カタール、ロシアなどからが多い。銅、鉛、アルミニウムなどの素材である非鉄金属鉱はチリ、インドネシア、オーストラリア、ペルー、フィリピン、カナダなどから輸入している。日本は食料自給率が低い。輸入に頼っている食料は多く、とうもろこしと大豆はアメリカとブラジルから、小麦はアメリカとカナダとオーストラリアから輸入している。衣類はほとんど中国から輸入されている。

日本は、製造業においては比較的優位を持っている。1960年代後半から1980年代前半にかけて、輸出が急速に増加して、欧米と貿易摩擦が発生した。国内市場が奪われたら、失業率が高くなり、社会矛盾が激しくなるおそれがある。それで、日本は外国で直接投資をして、製造業の一部は外国に分散し、本国から輸出する代わりに現地で生産するようになった。例えば、第一・二次石油ショックの後、日本は省エネの自動車を開発した。自動車産業の比較優位はアメリカから日本に移っていった。アメリカの自動車産業では多くの労働者がリストラになった。アメリカで金融などのサービス産業が新しい成長産業になったが、自動車産業で働いていた失業者は金融産業で同じ賃金の仕事が見つかる可能性が低い。政府は、劣位産業の労働者の要求に対して、関税、輸入制限、補助金などの保護貿易手段で応える場合がある。各国間の貿易摩擦を解決するために、1947年には「関税及び貿易に関する一般協定」（GATT、ガット）が発足した。ガットは、1995年1月に世界貿易機関（WTO）に発展し、現在に至っている。WTO発足と並んで、欧州連合（EU）、北米自由貿易協定（NAFTA）、アジア太平洋経済協力（APEC）、東南アジア諸国連盟（ASEAN）などの地域連携が活発化している。

今はグローバリゼーションの時代で、「ヒト、モノ、カネ、情報」などが地球規模で自由に行き交い、政治的・経済的・文化的な影響が地球のいたるところで同時に現れている。この流れにより、貿易の内容も変わりつつあり、以前の貿易は品物の輸出入が主だったが、グローバリゼーションの進展によって、輸送、旅行、通信、建設、保険、金融、情報などのサービス貿易や、海外の企業を買収したり、直接投資をしたりしている。

国際貿易の利点が多い。世界各国は相互依存にして、国際分業は自力更生の鎖国より経済効率がはるかに高い。外国に比べて比較的に得意とする財を生産して輸出する一方、比較的に不得意な産業は外国に任せて輸入することによって、両国ともに経済効率が最大限に高められる。日本は資源に乏しいが、良質な労働、技術、資本設備に勝る。鉱業や農業は劣位産業で、逆に自動車、家電、半導体、工作機械が優位にある。日本の貿易では輸出産業と輸入産業が明確に分離している。また、貿易や直接投資を通して、外国の技術が伝播し、技術移入国の生産性が高められる。国民が利用できる財やサービスが豊富になる。

三　企業経営

内閣総務省が5年に一回行っている「事業所・企業統計調査」によると、2014年7月1日の日本の民営事業所数は577万9千事業所で、従業者数は5,742万8千人いるという。産業大分類別の雇用者の割合をみると、宿泊業・飲食サービス業の非正規社員が78.0%で、最も高い。電気・ガス・熱供給・水道業の正規社員が94%で、最も高い。経営組織別にみると、「会社企業」は175万企業で、「個人経営」は209万企業ある。

企業は市場で商品やサービスを提供し、その対価を得て、新たな活動の源としている。巨額の資本金を有する大企業ほど多様な種類の商品やサービスを大量に市場に供給することができるので、そのため、市場においては、大企業ほど有利な活動を行い、大きなマーケットシェアを持っている。

2021年世界トップ企業500社のうち、日本の会社は53社入っている。自動車メーカーとしてはトヨタ自動車（9位）、本田（48位）、日産（116位）、スバル（459位）；家電メーカーとしては日立（95位）、ソニー（88位）、パナソニック（154位）、富士通（358位）；総合商社としては三菱商事（51位）、伊藤忠商事（71位）、丸紅（165位）、三井物産（114位）、豊田通商（167位）、住友商事（261位）；銀行としては三菱UFJフィナンシャルグループ（185位）、三井住友フィナンシャルグループ（325位）が入っている。

大企業はみな株式会社で、会社は株式を発行することで資本金を獲得する。株式を購入した人は株主と呼ばれる。こうした株式発行により調達された資金は自己資金と呼ばれる。銀行借入や社債発行で調達された資金は他人資本と呼ばれる。自己資本と他人資本の合計が企業の総資本だ。株主は株式会社の出資者で、所有者でもあり、出資額を超える責任を負う必要がない（有限責任）。株主は株式の所有に応じた利益分配を受け、株主総会に出席し、所有に応じた議決権を行使することができる。個人企業は経営者自身が企業の所有者で、所有者は損益のすべての責任を負わなければならない（無限責任）。大企業は中小企業より生産性も自己資本比例も高い。しかし、大企業には時には「大企業病」がかかる。資本が効率的に利用されないとか、命令・指揮系統が複雑で意思決定が遅いとか、部所間の意見が対立するとか、社会や経済の変化に即応できないとか様々な問題を抱えている。それを解決するには、大企業は分社化して、子会社や独立採算制を取る事業部を設立するようになった。

　企業の経営に影響力を与えるのは株主、労働組合、大口の得意先、取引銀行などいろいろある。それらの異なる利害関係を持つ人々は企業に何を望んでいるだろう。株主にとっては配当、債権者の銀行は企業成長により長期取引の可能性を持つ内部保留に興味があるだろう。利潤の多くを分配すると、株主は喜ぶが、企業の発展性は阻害される。企業の成長を重視して、利潤を企業内部に蓄積して株主に分配しないと、企業は株主にそっぽを向かれるだろう。企業の目的は利潤追求と成長で、株式会社を取り巻く人間関係のバランスは会社経営を左右しているようだ。

　内閣総務省「事業所・企業統計調査」（2006年）により、日本では、中小企業は企業数の99.7%、従業員数の69.4%を占めている。大企業は多くの中小企業と取引関係や資本関係を結んで、長期的取引を保っている。でも、実際には独立に経営を行っている中小企業が多い。中小企業は資金調達が困難で、経営を維持・拡大することは容易ではない。しかし、その中に高い技術力を持つベンチャー企業も少なくない。

　日本の企業は大企業であれ、中小企業であれ、日本型経営の特徴を持っている。1980年代までは、企業別労働組合、年功序列制、終身雇用制がその代表だ。また、日本の企業は投下した資本の収益率よりもマーケットシェアの拡大を経営目標として、企業同士で継続的な取引を行っていて、関連会社との間で株式の持ち合いが行われていた。以上の日本型経営は日本経済の高度成長の秘訣だと言われていたが、バブル崩壊後、経済のグローバル化や情報革命の進展の中で、それらは非効率的な経営だと評価されるようになった。それで、1990年代以降、日本の経営は資本収益率が重視され、固定的な企業関係が見直され、株の持ち合いも解消された。

日本の企業は、経営環境の変化に合わせて、様々な経営改革を実施している。バブル崩壊後の日本国内経済の停滞に対しては、不良債権の処理、自己資本金比率の引き上げ、事業の選択と集中、アウトソーシングの拡大、非正規雇用の拡大などの改革をした。グローバル化の波に応じて、海外現地生産の拡大、国際会計基準の導入、株主重視の経営、成果主義の導入などに取り組んだ。情報通信技術の発達につれて、コーポレート・ガバナンスの改善や情報技術を活用した経営管理を重視した。社会の変化への対応としては、男女共同参画の推進、企業の社会的貢献（CSR）、高齢者雇用の拡大、地球環境問題に取り組んでいる。

四　社会保障

日本の社会保障制度の柱は国民皆保険と国民皆年金、生活保護制度だ。日本では、すべての国民と永住している外国人は公的な医療保険制度に入っている。それは国民皆保険制度と言い、健康保険と共済保険と国民健康保険に分かれている。健康保険はさらに政府が運営している政府管掌健康保険と会社ごとに組合を作って運営する組合健康保険に分かれている。

日本の社会保障は、1950年の社会保障制度審議会の勧告をもとに、制度面の整備が進み、1961年に国民皆保険・国民皆年金が実現した。その後、経済の高度成長の過程で、老人医療や児童福祉が充実し、1973年は福祉元年と呼ばれ、老人医療費の無料化や個人負担の軽減が実施され、年金支給額も大幅に引き上げられた。このようにして、日本の社会保障制度は先進国と同じレベルに達した。

日本は国民皆保険制度を通じて世界最高レベルの平均寿命と保険医療水準を実現し、国民の安全・安心な暮らしを保障してきた。この制度の特徴は、社会保険費を基本として公費をも投入して、すべての国民が公的医療保険で保障され、医療機関を自由に選べ、安い医療費で高度な医療を受けられることだ。医療費の個人負担額は次の通り：

表 2　医療費の個人負担額

患者の年齢層	自己負担額
75 歳以上	1 割、後期高齢者医療制度（現役並びに所得者は 3 割負担）
70 歳から 74 歳まで	2 割　（現役並びに所得者は 3 割負担）
義務教育就学前	2 割
義務教育就学後から 69 歳まで	3 割
その他	家計に対する医療費の自己負担が過剰な場合、高額療養費制度により、自己負担限度額を超えた部分は事後に保険者から償還してくれる。

厚生労働省の統計（2019 年度の予算ベースの数値）により、国民健康保険の加入者は自営業者、年金生活者、非正規雇用者で、約 3,170 万人いる。全国健康保険協会管掌健康保険組合への加入者は中小企業・零細企業のサラリーマンとその家族で、約 4,070 万人いる。健康保険組合への加入者は大企業のサラリーマンで、約 2,830 万人いる。共済組合への加入者は国家公務員と地方公務員と私立学校教職員で、約 850 万人いる。その他に、船員保険への加入者は約 10 万人いる。後期高齢者医療制度への加入者は約 1,722 万人いる。健康保険の財源は患者（被保険者）負担、保険料、政府の公費負担、各保険者からの支援金からなっている。

国民年金は、日本国内に住所を有する 20 歳以上 60 歳未満のすべての人が加入するもので、老齢・障害・死亡により「基礎年金」を受けて生活費に充てることができる。これを「国民皆年金」制度という。国民年金には第1・2・3号被保険者という3種類があり、種類により保険料の納め方が異なる。第1号の被保険者は農民、学生、フリーター、無職の人で、第2号の被保険者は事業所に勤務する者で、厚生年金をかける人は自動的に国民年金にも加入することになる。第3号の被保険者は第2号被保険者の配偶者で20歳以上60歳未満の人を指す。ただし、年間収入が130万円以上で健康保険の扶養となれない人は第1号の被保険者となる。

厚生年金保険に加入している人は、国民年金（基礎年金）に加えて、厚生年金を受けることとなる。国家公務員、地方公務員や私立学校の教員は共済年金に加入して、65歳以降国民年金と共済年金が支給される。

貧しくて保険料が払えない人たちには、国と地方自治体から生活費が支給され、その人たちが自力で生活できるまで助ける生活保護制度がある。

20歳から60歳になるまでの40年間の全期間保険料を納めた人は、65歳から満額の老齢基礎年金が支給される。2019年4月分からの年金額は780,100円（満額）となっている。厚生年金の被保険者期間があって、老齢基礎年金を受けるのに必要な資格期間を満たした人が65歳になったときに、老齢基礎年金に上乗せして老齢厚生年金が支給される。特別支給の老齢厚生年金の額は、報酬比例部分と定額部分を合わせた額となる。

21世紀に入って、ノーマライゼーション政策が実施された。その施策のおかげで、高齢者や障碍者が家庭で不自由なく生活が送れるようになり、生活上支障となる段差や階段などを無くしたバリア・フリーの住宅や公共施設を整備したり、彼らの就業を促進する政策を行った。また、出産や育児に関する負担を軽減し、女性の労働参加を促進する政策をも実施した。日本では、少子化現象が進み、1970年代半ば以降、女性の合計特殊出生率は低下になり、それは高齢化社会での保障制度の維持が難しくなるという深刻な社会問題になっている。出生率を向上させるには、育児休業制度を充実することが必要だ。健康保険法に基づき、会社から給与されない健康保険の被保険者は、産休期間中に出産手当金や出産育児一時金がもらえる。育児・介護休業法により、養育する子が満一歳まで親の休業が認められる。

国立社会保障・人口問題研究所が2019年8月2日に公表した『2017年度社会保障費用統計』により、2017年度の「社会保障給付費」総額は120兆2,443億円で、対前年度増加額は1兆8,353億円、伸び率は1.6%となっている。一人当たりの「社会支出」は98万100円、「社会保障給付費」は94万9,000円となっている。社会支出を政策分野別にみると、最も大きいのは「高齢」で56兆9,399億円、次いで「保健」の41兆8,713億円ある。この2分野で総額の約8割（79.6%）を占めている。社会保障給付費を「医療」「年金」「福祉その他」の部門別にみると、「年金」は54兆8,349億円で同45.6%、「医療」は39兆4,195 億円で総額に占める割合は32.8%、「福祉その他」は25兆9,898億円で同21.6%となっている。2017年社会保障の収入総額は141兆5,693億円、そのうち、社会保険料は70兆7,979億円、収入総額の50%を占め、公費負担が49兆9,269億円、35.3%を占める。年金積立金の運用実績20兆8,445億円、14.7%を占める。

五　日本的雇用システム

日本的雇用システムを支える柱は終身雇用制、年功賃金制、企業別労働組合の三つだ。それらと関連して、ボーナス、春闘、定年制、退職金、昇進、過労死、出向もよく語られている。

多くの新規学卒者は就活をして就職先が決まると、企業への帰属意識が強く養われ、おそらく定年に至るまで一つの企業に勤め続ける。それは終身雇用という。人的資源は労働者に蓄積される生産資源を指す。それは機械の使い方や事務的な処理などのノウハウ、社内外の人脈、情報などに関するものだ。日本の企業は、中途採用者を避け、新しい人材を純真無垢な新規学卒者から求める傾向がある。人的資本管理の視点から、企業側は労働者の長期雇用を求めている。もし短時間で雇用関係が終わってしまうと、人的資本は十分に蓄積されず、企業はその先行投資の回収もできない。労働者も転勤したら、それまでに蓄積された人的資本を活かせず、新しい会社ではその賃金や待遇は転職前より低い。だれもそのような転職を望まないので、その結果、長期雇用が実現されたわけだ。

年功序列とは労働者個人の能力や実績よりむしろ勤続年数を重視してその賃金や職務を決めるシステムだ。賃金が労働者の年齢とともに上昇するのは、労働者が加齢に伴って家族扶養などに生活費や教育費がかかり、人的資源を蓄積したからだ。また、年功的な昇進、つまり順送り人事があるが、それは普通は課長レベルまでで、それ以上の昇進はやはり実力で選抜される。昇進できなかった労働者は、窓際族として企業に残るか、関連会社へ出向させられるか、「肩たたき」で退職されることになる。厳しい競争環境の中では、自分だけ手を抜けず、人より少し早く帰宅することができない。労働者はスタッフと同じように働かなければ、最後まで企業に残れないと判断して、「働き蜂」、場合には過労死になることがある。経済の高度成長期には、労働者は仕事を生活に優先させたが、それは心身に悪影響が出て、子育てと仕事との両立が難しくなり、少子化の要因の一つとなった。21世紀に入ってから、仕事・家庭生活・地域生活のバランスが取れることが求められている。

近年、多くの企業はアメリカ的な能力主義が効率的だと考え、年功制に能力給や成果給が導入されている。企業は昇進競争に負けた人には退職勧奨を行うかもしれない。しかし、負け組にあまりに冷たくすると、優秀な人材を確保できなくなる恐れが生じる。

戦後、日本の企業は産業別組合でなくて、企業別組合を作った。企業は労使一体となって守るべき運命共同体だと思われ、労働者と使用者との対立（春闘など）はその企業内の労使交渉で自主的に解決するようになった。組合は経営者に協力して、経営者は人員整理を極力に避け、賃金も年々上がり、定年まで雇用して、そのような日本型労使関係が出来上がった。

日本は2007年に超高齢社会に入って、多くの高齢者が労働市場から引退して、労働力人口が急速に減少した。厚生労働省の『労働経済の分析』（令和元年版）により、2018年度の完全失業率は2.4%で、有効求人倍率は1.62倍で、雇用情勢は着実に改善している。正規雇用の職員・従業員は4年連続で増加しており、2018年では3,476万人となった。2019年3月調査では、全産業・製造業・非製造業のいずれもバブル期に次ぐ人手不足感となっているという。その対策としては、高齢労働者の活用や女性の職場進出や外国人労働者の雇用などがあげられる。賃金があると、年金がカットされるという年金制度は高齢者の労働参加を阻害している。女性労働者は結婚、出産、育児、介護で退職するケースが多かったが、近年、育児休業制度、保育園の充実、介護休業制度が整備され、女性の職場進出が活発してきた。外国人労働者を導入すると、社会的なコストが増大する。それで、工場を外国に移転して、外国人を雇用して現地で生産するようになったが、日本国内では産業空洞化が進んだ。

企業は、状況の変化に応じて、柔軟に雇用量を調整し、人件費を節約するために、非正規雇用を増やしている。非正規雇用者（パート、アルバイト、派遣社員、契約社員、嘱託）の割合は約三分の一を占めている。労働者側でも、既婚女性のパートタイム労働や学生アルバイトなど、都合のいい時間にのみ働くことを望む人が多くいる。また、正社員として働ける会社がないため、不本意で派遣社員か契約社員として働く非正規雇用者もいる。正社員と比べて、非正規雇用者は賃金が低く、雇用の安定性にも欠け、雇用保険が適用されない場合があるため、失業すると、すぐに生活困難に陥る人がいる。

注释

（1）中小企業：根据《中小企业基本法》，中小企业的标准是：制造业的资本金在3亿日元以下或从业人数在300人以下；采矿业的资本金在1亿日元以下或从业人数在300人以下；零售企业的资本金在5 000万日元以下或从业人数在50人以下；服务业的资本金在5 000万日元以下或从业人数在100人以下。

（2）ニクソンショック：1971年8月，美国总统尼克松宣布实行“新经济政策”，放弃了

美元换黄金的金本位政策，导致“布雷顿森林体系”崩溃。1972 年 2 月尼克松总统访华，这一事件导致日本政坛和外交政策受到了巨大冲击。

（3） 春闘（しゅんとう）：始于 1955 年，是日本劳工运动的固定形式之一，是每年 4 月新财年开始前日本企业劳资双方举行的新财年雇员的薪酬谈判。

（4） 公務員（こうむいん）：日本根据《国家公务员法》和《地方公务员法》设置国家公务员和地方公务员，实行职阶制。中央人事院统一管理国家公务员的级别、考试、任免、报酬、进修、惩戒等人事行政事务。地方自治体的人事委员会或公平委员会管理地方公务员。

（5） 世界貿易機構（せかいぼうえききこう）（WTO）：世界贸易组织成立于 1995 年 1 月 1 日，其前身是关税与贸易总协定（1947 年成立），总部设在日内瓦，目的是实现世界贸易自由化。世界贸易组织于 2001 年 12 月 11 日正式接受中国为成员国，截至 2020 年 5 月，有 164 个成员和 24 个观察成员。

（6） プラザ合意（ごうい）：1985 年 9 月 22 日，美国、日本、联邦德国、法国、英国的财政部长和中央银行行长在纽约广场饭店举行会议，达成广场协议（Plaza Accord）。五国政府联合诱导美元对主要货币的贬值，以解决美国巨额贸易赤字问题。日元升值导致了泡沫经济，1990 年泡沫经济破灭。

（7） アベノミクス：“安倍经济学” 是前首相安倍晋三于 2012 年底提出的一系列刺激经济的政策，其三支利箭是大胆的货币政策、机动的财政政策、刺激民间投资。具体内容有：日元贬值、通胀（目标为 2%）、政策利率降为负值、量化宽松的货币政策、大规模的公共投资等。

練習七

1.　次の漢字に振り仮名を付けなさい。

東京証券取引所、世界貿易機関、非正規雇用、貿易摩擦、就活、終身雇用、年功序列、厚生年金、不良債権、派遣社員、三菱商事、三井物産、公定歩合、医療費、出生率、窓際族、人件費、積立金、働き蜂、外貨、春闘、残高、関税、発足、東芝、株主、福祉、寿命、介護、保険

2.　次のＡＢＣＤから適当なものを一つ選んで（　）に書き入れなさい。

(1) プラザ合意以降、ドル安・円高になり、（　）が形成された。

A 地価抑制政策　B バブル抑制政策　C バブル崩壊　D バブル経済

(2) 日本経済の高度成長期は（　）だ。

A 1950 年—1973 年　B 1980 年代　C 1990 年代　D 2010 年代

(3) 世界貿易機関の英語の略名は（　）だ。

A ASEAN　B EU　C WTO　D APEC

(4) 近年、日本の輸出額がもっとも大きい商品は（　）だ。

A 半導体　B 鉄鋼　C 原動機　D 自動車

(5) 男女共同参画社会とは、男女が社会のあらゆる分野における活動に参画する機会が確保され、均等に政治的、経済的、社会的及び文化的利益を享受することができ、かつ共に（　）を担うべき社会だ。

A 責任　B 保険　C 年金　D 仕事

(6) 日本の総合商社には三菱商事、伊藤忠商事、丸紅、（　）、豊田通商、住友商事などがある。

A 日立　B 三井物産　C 東芝　D トヨタ自動車

(7) 国家公務員と地方公務員と私立学校教職員が加入するのは（　）だ。

A 老齢基礎年金　B 遺族年金　C 共済年金　D 厚生年金

(8) 医療費の個人負担額は、75 歳以上の高齢者（現役並びに所得者を除く）は（　）となっている。

A 1 割　B 2 割　C 3 割　D 4 割

(9) 非正規雇用者とはパート、アルバイト、(　　)、契約社員を指す。

A 正社員　　B 平社員　　C 派遣社員　　D 労働組合

(10) 経済高度成長期に、日本的雇用システムを支える柱は終身雇用制、(　　)、企業別労働組合の三つだ。

A 非正規雇用　　B 成果給　　C 能力給　　D 年功賃金制

3. 次の質問に答えなさい。

(1) 戦後、日本経済が長年にわたって高度成長をしたのはなぜか。その原因を簡単に要約しなさい。

(2) バブル崩壊前後、日本型経営はどう変わりましたか。

(3) 日本の年金制度を述べなさい。

(4) 日本の医療保険制度を述べなさい。

(5) 日本の総合商社を紹介しなさい。

第八章　教育

一　学校教育の歩み

『日本書紀』の記載により、285年王仁が応神天皇の招きで、『論語』『千字文』を日本に渡来したという。王仁は宮廷の学問所で皇族と貴族の子弟に儒学を教えた。それは宮廷教育の始まりだ。また、『大宝律令』(701年) には京都では大学寮、地方では国学を設立すると決まっている。それは法律で学校教育を決めたので、教育史では大きな意義がある。

奈良、平安時代には、官立の大学と国学、学者の私塾、個人の家庭教育及び寺院の学問所が漢籍と仏学教育の役割を果たした。鎌倉室町時代には武士教育と仏教学教育が中心になった。江戸時代には、教育が隆盛になり、幕府では昌平坂学問所が設立され、儒学を教えた。藩（大名の領地）では藩学が設立され、子弟に儒学や武術のちに近代科学知識や国学を伝授した。民間では僧侶・神職・医者・村役人たちが私塾や寺子屋で庶民に読み、書き、算盤を教えた。その他、和学講習所では日本の国学、開成所では西洋の科学知識、医学所ではオランダの医学が伝授された。

明治時代には、国民教育が普及された。1872年の学校制度により、6歳以上の男女の就学が義務になり、明治の末期には児童の就学率が98%を超えた。高等教育では、1877年に東京大学、1897年に京都大学、1907年に東北大学、1911年に九州大学、1920年に慶應義塾大学と早稲田大学と一橋大学、1931年に大阪大学などが設置された。しかし、1890

年に『教育勅語』が発布され、教育の目的は忠君愛国という国家主義に代わった。

1947年、『教育基本法』が制定され、教育の目的は「人格の完成をめざし、平和的な国家及び社会の形成者として、真理と正義を愛し、個人の価値をたっとび、勤労と責任を重んじる」と定め、教育は知識や技能の教授だけでなく、人格の完成を目指し、理想的人間像への接近を意味する。9年間の義務教育（小学校と中学校）と6·3·3·4制（小学校6年間、中学校3年間、高等学校3年間、大学4年間）が確立された。これで日本の新しい教育がスタートを切った。

二　教育の問題

戦後、日本の学校教育は「詰め込み教育」から「ゆとり教育」へ、更に「脱ゆとり教育」へ変わってきた。1970年代後半から受験勉強に偏った「詰め込み教育」が実施され、それが社会に批判され、1998年に授業時間や教育内容を減らした「ゆとり教育」に変わったが、それが学力低下の原因だと指摘された。そのため、文部科学省は2008年に小学校、翌年に中・高校の学習指導要領を改訂し、「脱ゆとり教育」を実施した。

日本の学校教育はいろいろな問題を抱えている。それは「ニート」人口の増加、いじめ、不登校などだ。

「ニート（NEET、「Not in Employment, Education or Training」の略）」とは高校や大学を卒業しても進学も就職も職業訓練もしない卒業生で、家事も通学も就職もしない若年無業者を指す。ニート族は学校を出てから社会に入る自信を欠き、仲間外れで、或いは職場でうまく行かず、再就職をしたがっていない。

いじめとは児童生徒が関係のある者から、学校の内外を問わず、心理的、物理的な攻撃を受けて、精神的な苦痛を感じることを意味する。具体的には、冷やかしやからかいや悪口や脅し文句を言われること、ぶつかられたり叩かれたり蹴られたりすること、仲間外れなどがある。いじめは不登校や自殺の原因にもなっている。

不登校とは、経済と病気以外の理由で、1年間に30日以上学校の授業に欠席することだ。

その他、生徒たちが学校の内外でおこした暴力行為や自殺もある。

それらの問題を解決するために、教師の教育力と細かい指導が求められている。

三　教育制度

1、幼稚園

日本の幼稚園は満3歳から小学校就学までの幼児を教育し、年齢に相応しい適切な環境を整え、心身の発達を助長するための教育施設で、大学・大学院までの教育体系の中の一環として組み込まれている。日本の幼稚園には国が設置・運営する国立、市区町村などの地方自治体が設置・運営する公立、民間の学校法人などが設置・運営する私立の3種類がある。学年は学校年度4月1日から翌年の3月31日までに達する満年齢で決まる。教育内容は、幼稚園教育要領の中に示されており、その内訳は「健康」「人間関係」「環境」「言葉」「表現」の5領域となっている。

2、小学校

小学校は初等教育を施し、学校系統上最も基礎的な段階を成す学校だ。日本における小学校は、義務教育が行われている学校の一種で、修業年限は6年だ。小学校には、幼稚園と同じく国立、公立、私立の三種類がある。小学校における教育は、学校教育法により、必要な程度において義務教育として行われる普通教育の目標を達成するように行われるものとされている。また、学校教育法施行法則に基づき、小学校の教育課程は、各教科、道徳、特別活動と総合的な学習の時間によって編成されている。総合的な学習の時間をはじめ、学校ごとに特色ある授業や活動が行われている。国際理解に力を入れたり、語学教育に重点を置いたり、コンピュータを使った指導をしたり、自然の中で様々な体験をしたり、地域社会に密着した内容の授業が行われたり、各種機関や団体、法人と協力があったり、学校によって様々な工夫がなされているようだ。

小学校の通学距離については、大凡4km以内を目安と政令で定められている。

3、中学校

中学校は日本の学校の区分の一つで、義務教育の6·3制における3年間に該当する。日本では、中学校は小学校における教育の基礎の上に、心身の発達に応じて、義務教育として行われる普通教育を施すことを目的とする。

中学校では、各教科ごとに専門の教員が存在する。私立中学校、国立中学校の大部分と、一部の公立中学校には、入学試験をはじめとする入学者選抜がある（中学受験）。多くの学校では定期考査があり、その成績と日常における学習の様子などが進学時の調査書に反映される。

中学校を卒業した人は高等学校・専修学校高等課程など後期中等教育を行う学校や、高等専門学校に入学することができる。

学校教育法施行法則に基づき、中学校の教育課程は必修教科、選択教科、道徳、特別活動、総合的な学習の時間によって編成されている。

学生の英語のコミュニケーション能力をあげるため、小学校から「聞く・話す」の授業時間数を増やし、文部科学省は2019年から全国の中学校3年生を対象に「聞く・話す・読む・書く」についての「英語の新テスト」を実施するようになった。

4、高等学校

高等学校は後期中等教育を行うための学校で、省略して高校と呼ばれている。日本の高等学校は中学校における教育の基礎の上に、心身の発達に応じて、高度な普通教育及び専門教育を施すことを目的とする。義務教育として行われる普通教育の成果を更に発展拡充させて、豊かな人間性、創造性及び健やかな身体を養い、国家及び社会の形成者として必要な資質を養うことなど、教育の目標が規定されている。

義務教育の対象から外れるため、進学するかどうかの選択は自由だが、中学卒業からの就職は就労可能な職種が極めて限定的だ。現在は少子化でもあるため、一定の学力があり、進学する学校を選ばなければ高等学校へ全入できる状況になっている。

修業年限が3年又は3年以上の高等学校の一般的な課程を本科と言い、これ以外にも別科と専攻科がある。高等学校の教育課程は各教科に属する科目、特別活動、総合的な学習の時間によって編成されている。

四　大学と大学院

高等教育とは、大学（短期大学及び大学院を含む）、高等専門学校（専攻科を含む）、専門学校（専修学校専門課程のみを指し、高等課程を含まない）などで行われている教育のことだ。18歳から30歳までの在籍者数が多く、成人年齢に達した若者世代に対する学校教育という色彩も持っている。

大学の入学時期は春入学の4月と秋入学の9月がある。大学・大学院の種類は国が運営する国立大学、県が運営する公立大学、学校法人または株式会社によって設立された私立大学の三種類ある。日本文部科学省が2017年に実施した「学校基本調査」により、日本に大学が764校あるという。うち、国立大学は82校、公立大学は87校、私立大学は588校、文部省管轄以外の大学7校ある。

国立大学とは、国の政府によって運営または設立されている国立学校で、ほとんど自治権を持って運営している。国立大学の受験生は、通例「大学入試センター試験」の受験が必須で、5教科7科目という広範囲を選択することになっており、また、それに加えて大学別の個別試験（2次試験）も受験しなければならない。

公立大学とは、地方公共団体の設置する大学だ。授業料は概ね国立大学と同一だ。公立大学の受験は、国立大学と同様だが、特徴としては規模が小さい大学が多く見られることや、私立大学に比べて数が非常に少ないことが挙げられる。

私立大学の一般入試は、センター試験を受験する必要がなく、試験科目も基本は3教科のみと、国立大学に比べて、実際の試験科目数が非常に少ない。日本の大学の内、私立大学は3/4を占め、国公立大学に比べて数が非常に多いのが特徴だ。

大学院とは、高等教育（学士課程）で優秀な成績評価を取得した者を対象として、上級学位（修士、専門職学位、博士）を付与する機関だ。日本では、大学院は大学の学部課程を卒業した人及びこれと同等以上の学力を有すると認められた者を対象に、学術の理論及び応用を教育研究し、文化の進展に寄与することを目的とするものだ。

大学の中に学部と研究科が置かれており、大学院では専攻分野の大きな括りを「研究科」、研究科の分野を細分化したものを「専攻」と呼んでいる。日本の大学院には、博士前期課程、博士後期課程、一貫制博士課程、後期3年博士課程、4年制博士課程、修士課程、専門職学位課程などと通称される多数の課程がある。大学院に通う学生は、日本では大学院生（院生）などと呼ばれる。日本では大学院に学生として所属し、必要な履修受講した講義の単位を修得した上で論文を書き、学位を取得するのが通常だ。日本においては、学生として大学に所属せずに論文を書き、大学に提出して審査を経て博士の学位を取得する論文博士の制度が残されている。

また、大学院は教育だけでなく、大学における研究活動を行う機関だ。研究及びこれを通じた高度な人材の育成に重点を置き、世界で激しい学術の競争を続けてきている大学グループとして、RU11がある。1876年にアメリカのジョンズ・ホプキンス大学に世界で初めて「大学院」が設置された。日本では、1880年に東京大学の法・文・理の3学部に設置された「学士研究科」が大学院の起源とされる。

五　留学生政策

2008年に、日本の文部科学省は、日本が世界に対してより開かれた国へと発展する「グローバル戦略」の一環として2020年までに日本国内の外国人留学生を30万人にまで増やす「留学生30万人計画」を打ち出した。

政府は外国人に対して日本の大学への入り口と卒業後の社会の受け入れ態勢の改善政策を実施して、日本社会そのもののグローバル化を目指している。文部科学省は2009年に「海外の学生」が「留学しやすい環境」への取組みを行う拠点大学を選定し、これに財政支援を行う「国際化拠点整備事業」を実施すると発表した。審査で選ばれた東京大学、京都大学、早稲田大学、慶応義塾大学などへ、年間2～4億円程度を5年間交付し、支援を行うことになった。各大学もその目標の実現に向けて、グローバル化の取組を行っていて、英語のみによって学位取得が可能となったり、宿舎確保の取組など留学生が安心して勉学に専念できる受入れ環境を作ったり、地域や企業などが一体となった交流支援を促進したりする。

日本留学試験は独立行政法人日本学生支援機構が主催し、日本の大学あるいは専修学校に入学を希望する外国人留学生を対象とした共通の入学試験で、略称はEJU（日留試）だ。それらの教育機関で必要とされる日本語能力及び基礎学力の評価を目的とする。日本或いは主要アジア諸国とウラジオストクで受験することができる。中国では台北と香港でしか実施されていない。

EJUは2002年から実施されている。渡日前に入学許可を与えるために一つだけ受験すればよい試験を創設するというのが当初の目的だったが、実際には日本国内受験者が圧倒的多数となっている。試験は6月（第1回）と11月（第2回）の年2回実施され、何回受験してもかまわない。

試験科目は志望校の指定に従って選択する。大学（学部）受験においては、文系学科は日本語、総合科目（社会）、数学コース1が、理系学科は日本語、理科2科目、数学コース2が一般的だ。一部科目だけでよい学科もあるが、日本語はほとんどの学科で必須だ。

日本ではいろいろな団体から外国人留学生向けに奨学金が支給されている。しかし、応募条件や金額は様々だ。ほとんどの奨学金は海外から来日して大学や専門学校などで学んでいる外国人留学生を対象としたもので、日本国外から来日前に応募できるものはごく僅かだ。また、奨学金は留学費用の全てをカバーしてくれるわけではなく、あくまでも補助的なものだ。留学生向けの奨学金の種類は以下の通りだ。

1. 日本政府（文部科学省）奨学金：往復の航空券と生活費が支給され、入学金・授業料が免除される。在外日本公館あるいは日本の大学から推薦を受ける必要がある。受給者は他の奨学金を受け取ることができない。

2. 日本学生支援機構（JASSO）の奨学金：

(1) 文部科学省外国人留学生学習奨励費：私費で学費や生活費を支払っている外国人留学生に月額48,000円が支給され、成績や財政状況に関する制限がある。

(2) 海外留学支援制度（協定受入）奨学金：日本の大学が学生交流に関する協定に基づいて、諸外国の高等教育機関に所属している学生を、8日以上1年未満受け入れるプログラムに、参加する外国人学生に対して支給される奨学金だ。1カ月あたり80,000円が支給される。

3. 地方自治体・国際交流団体の奨学金：この奨学金は居住地や所属する学校の所在地に制限がある。金額は月額数千円から数万円がほとんどで、大半の場合、受給者はほかの奨学金を受け取ることができない。

4. 民間奨学団体の奨学金：この奨学金は特定の学校の学生、特定の専門分野を専攻している学生、特定の国や地域出身の学生のみを対象とすることがある。大半の場合、受給者はほかの奨学金を受け取ることができない。

注 釈

（1） RU11：学术研究恳谈会（Research University），由北海道大学、东北大学、东京大学、早稻田大学、庆应义塾大学、名古屋大学、京都大学、大阪大学、九州大学、筑波大学、东京工业大学等11所综合实力顶尖的大学组成的国家级高校联盟，于2009年11月启动。

（2） 大学入学者選抜大学入試センター試験：文部科学省的下属机构“大学入学考试中心”组织的高考，出题学科包括国语、地理历史、公民、数学、理科、外国语等6学科，每个学科包含若干个科目（如数学Ⅰ、数学Ⅱ、工业数理、簿记等）。利用“中心考试”的大学包括所有国立大学和公立大学以及部分私立大学。

（3） 昌平坂学問所（しょうへいざかがくもんじょ）：也叫昌平黉，是江户时代德川幕府直辖的最高学府，主要给幕臣子弟教学四书、五经、历史、诗文、朱子学，培养辅佐幕府的人才。

（4） 詰め込み教育（つめこみきょういく）：填鸭式教育是苏联教育家凯洛夫发明的教育法，教师重视知识灌输，缺少启发式教育，让学生死记硬背。

（5） ゆとり教育（きょういく）：日本从 2002 年开始在义务教育阶段实行减负教育，减少学习科目、上课时间、学习内容。重视培养学生“个性”。这种宽松教育使学生的学力下降，以自我为中心。于是，该教育政策自 2008 年逐渐被废除。

（6） 脱ゆとり教育（だつゆとりきょういく）：2008 年，日本政府修订了教学大纲，开始实行“脱离宽松教育”的教育政策。其改革内容是教学时间延长为 6 天制，增加教学内容，小学 5 年级加入“外国语活动”。

練習八

1. 次の漢字に振り仮名を付けなさい。

学習指導要領、独立行政法人、専門職学位、文部科学省、必修教科、試験科目、学校法人、義務教育、受験勉強、職業訓練、文系学科、総合科目、奨学金、寺子屋、不登校、幼稚園、大学院、志望校、受給者、学力、進学、学士、修士、博士、講義、審査、応募、推薦、学費、専攻

2. 次のＡＢＣＤから適当なものを一つ選んで（　）に書き入れなさい。

(1) 仲間外れには昔からの「村八分」の伝統があり、今は（　）の一つになっている。

A 殴り　B いじめ　C からかい　D 不登校

(2) 日本は「詰め込み教育」から「ゆとり教育」へ、更に（「　」）へ変わってきた。

A 脱ゆとり教育　B オンライン教育
C 生涯教育　D 義務教育

(3) 高校や大学を卒業してから進学も就職も職業訓練もしない人は（　）と言われている。

A 蛍族　B 斜陽族　C オタク族　D ニート

(4) 日本で最も早く設立された私立大学には早稲田大学、（　）がある。

A 大阪大学　B 一橋大学　C 京都大学　D 慶応義塾大学

(5) 江戸時代にオランダを通じて欧州の科学を学んだのは（　）だ。

A 蘭学　B 洋学　C 漢学　D 国学

(6) 日本の学制は6･3･3･4制だから、高等学校の修業年限は（　）だ。

A 6年間　B 3年間
C 4年間　D 3年でも4年でもいい

(7) 日本の学校の学年は（　）から始まる。

A 一月　B 四月　C 九月　D 十月

(8) 日本政府が運営している大学は（　）大学という。

A 研究型　B 国立　C 公立　D 私立

(9) 日本では、大学院で講義の単位を習得しなくても、論文を大学に提出して審査を経て博士の学位を取得する（　　）博士の制度がある。

A ダブルディグリー　　B 学術

C 論文　　D 専門職学位

(10) 大学院の博士前期コースは（　　）コースに当たる。

A ドクター　　B 学士　　C 博士　　D 修士

3.　次の質問に答えなさい。

(1)「いじめ」について話してみてください。

(2) 中国と日本との大学教育の異同を比較してみてください。

(3) 日本の国立・公立・私立大学の異同を比較してみてください。

(4) 日本の大学の奨学金制度を紹介してください。

(5) あなたの進学しようとする大学院の公式サイトを見て、希望校の学科を紹介してみてください。

第九章　日本語

一　文字の歴史

日本語は漢字、平仮名、片仮名、ローマ字という四種類の文字を使い分けて書く言葉だ。

漢字は、古代中国で発祥した形・音・義の三要素を備えた表意的音節文字で、現代でも使われている文字の中で最古の文字体系だ。古代から周辺諸国や地域に伝播して漢字文化圏を形成した。今、中国語と日本語以外は漢字表記をほとんど廃止したが、なお15億人余りが使用している。

漢字が日本に伝わる前に、話し言葉としての日本語はあったが、表記文字はなかった。4世紀ごろ、日本は中国から漢字を輸入して使用している。漢委奴国王印や古墳時代の稲荷台一号墳に埋蔵されていた鉄剣の銘文記載が、日本における初期の漢字事例とされる。漢字の音を借りて日本語を記す方法は8世紀後半に編集した『万葉集』で大量に使われたため、万葉仮名と呼ばれる。現代日本語において、漢字は平仮名、片仮名と並ぶ主要な文字だ。その読み方には中国語からの音読みと日本固有の訓読みがある。日本に伝わった漢字の音読みは、時代によって違い、呉音（推古朝以前）、漢音（奈良時代～平安時代初期）、唐音（鎌倉時代～江戸時代）に分けられる。例えば、訓読みの「行く」の「行」は、音読みならそれぞれ修行（呉音）、銀行（漢音）、行脚（唐音）となる。呉音は5、6世紀前後、長江中下流地域から日本に伝わった漢字音で、仏教用語や律令用語が多い。例えば、「供養、建立、殺生」は呉音で読む。漢音は隋、唐の時代に日本に伝わった長安当たりの漢字音で、儒学用語が多い。例えば、「成功、名誉」は漢音で読む。唐音は宋代以降、禅宗の留学僧や貿易商人らによって日本に伝えられた漢字音で、中国南方の発音の影響が強く、禅宗用語、中国からの輸入品の名称、近代の翻訳語に唐音が多い。例えば、「饅頭、椅子、暖簾、蒲団」は唐音で読む。また、漢字の読みを個々の漢字の字訓によらないで、語全体を和語として読むことを熟字訓という。「昨日、土産、紅葉、海苔、小豆、大人、五月雨、雪崩」は熟字訓で読む漢字だ。「麻雀、炒飯、焼売、老酒、面子、你好、小姐、香港」のように、現代中国語の発音で読む言葉もある。

日本で現存最古の書籍である『古事記』（712年）は語部の稗田阿礼が暗唱した先代の旧辞を、太安万侶が変体漢文で記録した書物で、『日本書紀』（720年）は舎人親王らが漢文で書かれた書物だ。8世紀の半ば頃、漢字の「楷書」の偏旁によって片仮名が、漢字の「草書」によって平仮名が創り出され、片仮名と平仮名は日本語の表音文字として使われるようになった。しかし、公の世界の文字としての漢字に対して、仮名は漢字と対等の存在としてでなく、二次的な文字としての役割を果たしてきた。平仮名は和歌や仮名文学に、片仮名は学者など知識層によく用いられた。

日本語の上代語は主に『古事記』『日本書紀』『万葉集』に保存され、中古語は藤原貴族の言葉が中心となる『源氏物語』や『古今和歌集』に保存されている。中世は古代から近代への移り変わりの時期で、前期の鎌倉時代には古代語のおもかげが強く残っていて、後期の室町時代には近代語的な特色が目立ち始めた。近世の江戸時代は言葉の標準が上方（京都・大阪）語から次第に江戸語に移り変わっていく時代で、上方語と江戸語の対立、方言同士の対立、士農工商の階層による言葉の対立の時代でもある。

現代の表記形式である漢字仮名交り文が社会的に認められたのは、明治時代の言文一致体の成立を見た後のことだ。第二次世界大戦後、交通機関の発達、生活基盤の変動、学校教育やマスメディアの影響で、自然発生的な地域集団の内輪だけの言葉（方言）は通用しなくなり、東京語は共通語として普及した。2010年に内閣告示で常用漢字が改定されて、字数が2,136字に決まった。そして、毎年3回「日本漢字能力検定」も開催されている。

また、日本人は中国の漢字文化の流れを汲んで、自分で新たな漢字（国字）を創り出した。例えば、「畑」「峠」「凪」「辻」「鰯」のような漢字は中国語にはなく、日本語の特有なものだ。

そして、書道も中国から日本に伝わり、和室の床の間などに飾ってある。

当て字は、瓦斯、倶楽部、露西亜、仏蘭西、沙翁のように、近代に入ってから、外来語（洋語）や外国の地名・人名の表記に当てる漢字だ。

ローマ字はラテン文字で表記された日本語を表す。ポルトガル式、オランダ式、ヘボン式、日本式、訓令式ローマ字がある。

二　敬語

日本語では、年齢や社会的に地位の高い人に、自分と距離がある（内と外の関係）と思い、敬意を感じる時に、場合には自分がきれいな言葉遣いをしたいと思う時に、話の相手や話題の人を高く扱う敬語を使う。個人的に嫌いな人にでも、自分より年上だとか、社会的に地位があると認めた時にも敬語を使う。

「文化審議会国語分科会」が2007年に出した『敬語の指針』により、敬語は尊敬語、謙譲語Ⅰ、謙譲語Ⅱ（丁重語）、丁寧語、美化語に分けられる。

尊敬語は相手側又は第三者の行為・ものごと・状態などについて、その人物を立てて述べるものだ。

行為（動詞及び動作性の名詞）の尊敬語は次のような言葉だ。

(1) 特定形の動詞：いらっしゃる、おっしゃる、なさる、召し上がる…

(2) 一般形の動詞：お読みになる、お読みだ、お読みくださる、御利用になる、読まれる、利用される…

ただし、慣習上「お（ご）……になる」の形が作れない動詞もあるので、注意を要する。

例：×お死ににになる→お亡くなりになる、亡くなられる

×御失敗になる→失敗なさる、失敗される

×御運転になる→運転なさる、運転される

(3) 動作性の名詞：お導き、御出席、御説明…

(4) ものごとの尊敬語は次のような言葉だ。

例：お名前、お手紙、お荷物、御住所、御地、玉稿、御高配…

(5) 状態の尊敬語は次のような言葉だ。

例：お忙しい、御立派…

謙譲語は自分を低く、控えめにして、相手を高く立てて相手に譲るという意味で、謙譲語Ⅰと謙譲語Ⅱ（丁重語）に分けられる。謙譲語Ⅰは自分側から相手側又は第三者に向かう行為・ものごとなどについて、その向かう先の人物を立てて述べるものだ。

例：伺う、申し上げる、お目に掛かる、差し上げる、頂く、拝見する、拝借する、お届けする、御案内する…

「先生のところに伺いたいんですが…」と述べる場合、「先生のところを訪ねたいんですが…」と同じ内容だが「訪ねる」の代わりに「伺う」を使うことで「先生」を立てる述べ方になる。このように「伺う」は＜向かう先＞に対する敬語として働く。

名詞にも「（先生への）お手紙」「（先生への）御説明」のように、「向かう先」を立てる謙譲語Ⅰがある。

謙譲語Ⅱは自分側の行為・ものごとなどを話や文章の相手に対して丁重に述べるものだ。謙譲語Ⅰにはその動作に関係する人がいるのに対して、謙譲語Ⅱにはその動作に関係する人がいない。例えば、「お宅に伺います」は高めたい相手のお宅に行く時に使われるが、「昨年北京に参りました」「電車が参りました」なら、相手がいなくても主語が人間でなくても使われる。

例：参る、申す、いたす、おる、存じる…

拙著、小社、弊社、愚見…

「明日から北京へ参ります」と述べる場合「明日から北京へ行きます」と同じ内容だが、「行く」の代わりに「参る」を使うことで、自分の行為を話や文章の相手に対して改まった述べ方で述べることになり、これが丁重さをもたらすことになる。このように 「参る」は＜相手＞に対する敬語として働く。

謙譲語Ⅰは＜向かう先＞（相手側の場合も第三者の場合もある）に対する敬語で、謙譲語Ⅱは＜相手＞に対する敬語で、性質が異なる。

謙譲語Ⅰを使って「先生のところに伺います」のように述べることも、謙譲語Ⅱを使って「先生のところに参ります」のように述べることもできる。前者が「先生」に対する敬語であるのに対して、後者は話や文章の＜相手＞に対する敬語である。つまり「先生」以外の人に対してこれらの文を述べる場合「先生のところに参ります」のほうは「先生」ではなく、＜相手＞に対する敬語として働くことになる。

また、「駅で先生をお待ちいたします」と述べる場合、「駅で先生を待ちます 」と同じ内容だが、「待つ」の代わりに「お待ちいたす」が使われている。これは「お待ちする」の「する」を更に「いたす」に代えたもので、「お待ちする」（謙譲語Ⅰ）と「いたす」（謙譲語Ⅱ）の両方が使われていることになる。この場合「お待ちする」の働きにより「待つ」の＜向かう先＞である「先生」を立てるとともに「いたす」の働きにより、話や文章の＜相手＞（先生である場合も、他の人物である場合もある）に対して丁重に述べることにもなる。

丁寧語（です・ます型）は話や文章の相手に対して丁寧に述べるものだ。該当語例は「です、ます、でございます」だ。

美化語はものごとを美化して述べるものだ。

お＋和語の例：お酒、お米、お手洗い、お金、お箸

ご＋漢語の例：ご飯、ご馳走、御祝儀、ご恩

ただし、「お料理」「お化粧」などのように、漢語の前でも「お」が好まれる場合がある。

三　話し言葉と書き言葉

話し言葉は、人々が会話・スピーチ・講義などの日常生活で使う言葉で、普通は「です・ます」体（敬体）で表す。書き言葉は、小説・論文・日記・エッセイ・新聞記事などに文字で書き表す言葉で、普通は「である・だ」体（常体）で表す。明治時代に、口語文（話し言葉）と文語文（書き言葉）が同じではなかったので、二葉亭四迷、山田美妙、尾崎紅葉らの作家が言文一致運動を行った。そのおかげで、現代日本語では、話し言葉と書き言葉との壁は薄くなっている。それでも、作文や論文では「けど、だけど、だって、やっぱり、…しちゃった、超嬉しい」のような話し言葉は使わない。また、近年、「ツッコミ語」（例：寒っ、すごっ）も「ら抜き言葉」（例：見れる、食べれる）も会話によく使われている。

まとめていうと、話し言葉と書き言葉には次のような違いがある。

表 3　話し言葉と書き言葉との違い

話し言葉	書き言葉
です・ます。	だ・である・動詞の辞書形。
「こそあど」系の指示代名詞が多用される。	「こそあど」系の指示代名詞が少ない。
婉曲表現が多い。	割合ストリートに表現する。
敬語、感動詞、終助詞が多用される。	敬語や終助詞の使用が少ない。
文の途中止めがある。	文の途中止めがない。
同じ言葉が繰り返して出てくる。	同じ言葉が繰り返して使わない。
男性用語、女性用語、方言が使われる。	言葉遣いに男女の区別がなく、方言があまり使われない。
文が短い。理解しやすい和語が多い。主語がよく省略される。語順の並べ方は基準に合わない時がある。	文が長い。理解しにくい漢語がよく使われる。文の構成が厳密で、省略した言葉が少ない。

四　言葉と社会

言語は常にそれを取り巻く社会（性別、年齢、職業、出身地、話し手と聞き手との心理的距離感など）に影響されているのだ。言語と社会は切っても切れない関係にある。

性別の視点から言えば、日本語には女性用語と男性用語の違いがあり、その社会的・心理的な性差はジェンダーという。例えば、

男：僕、腹が減ったよ。

女：あたしもおなかが空いたわ。

というように、女性はよく「あたし、あたい、あたくし、わ、のよ、かしら」を使う。それに対して、男性はよく「僕、おれ、わし、てまえ、おまえ、ぞ、ぜ、さ、なあ」などを使う。漢字と漢文は、歴史には教養のある男性しか使わなかった。女性は平仮名や柔らかな和語を好み、硬い漢語をなるべく避ける傾向がある。女性は、話の上品さや丁寧さを表すために、「おなか」「お醤油」など「お」を美化語として過剰に使う傾向がある。だから、上の例文には、男女は「腹」と「おなか」の語彙選択が違うわけだ。また、男性の会話スタイルは情報中心であるのに対して、女性の会話スタイルは相手との心理的なつながりを中心にする傾向がある。女性の方が感情をストレートに伝えて共感してほしい、同意してほしい、慰めてほしいといった感情的要求を会話の中にいれてメッセージとして発しても、男性は言葉の裏まで読まずにただ事実を理解する事に努める場合が多いようだ。つまり、一般的に男性は事実を伝える事に重きを置き、女性は感情を伝える事に重点を置く。ほかに、質問文における尻上がりのイントネーションは男性より女性のほうがよく使用されている。

年齢の視点から言えば、日本語には若者言葉が目立っていて、そこから常に流行語が誕生している。若者言葉は、若い人が仲間内で娯楽や会話促進やイメージ伝達などのために使う言葉だ。そんな言葉が誕生した原因は、若者には大人と同じことばを使いたくないという独立心あるいは反抗心があり、関心のある新しい分野に新しい若者言葉が必要だということ

にある。また、メディアの発達や仲間意識の強化もその一因だ。例えば、「食べれる・見れる」というような「ら抜き言葉」、絵文字（アスキーアートなど）、アクセントの平板化、KY（空気読めない）式の略語、「めちゃ・超～」など程度表現の言葉は若者が愛用するようだ。

日本人の対人関係において、自分の所属する家族や集団を基準にして「ウチ」と「ソト」の集団意識、或いは心理的な空間意識がある。それは「尊敬語」と「謙譲語」、「本音」と「建前」などの言語表現からよく見られる。尊敬語と謙譲語は前節で述べたので、ここで略す。本音は話者の本当の心で、心を開いている友人や家族の中で使う個人の論理であるのに対して、建前は公的な立場からの見解を述べる時に使われる集団の論理だ。日本人の行動様式には建前を優先するが、その奥には本音が潜んでいる。例えば、ある人がやってくれたことがありがた迷惑だと思う時、「迷惑だから止めてください」と本音で断るなら、相手が傷ついてしまうので、「いつもありがとうございます。あなたもたいへんだから、大丈夫よ」と建前を使って遠回しに断るのだ。

日本人は日常の対人関係では、他人をウチの者かソトの者かに区別している。「ウチの人」は夫婦がそれぞれの相手を指し、更に「ウチの…」は自分の属する会社、大学、官庁を指すが、「お宅の…」は尊敬する相手のそれを指すものだ。日本人は自己紹介する時には、「私は××××（名前）です」ではなく、「私は××（所属先）の××××（名前）です」というのだ。それは個人がある集団に属するものだと理解される。また、例えば、「AがBにものを贈る」場合、Bが話者の「ソト者」なら、「AがBにものをあげる」というが、Bが話者の「ウチ者」なら、「AがBにものをくれる」という。このように、「ウチ」と「ソト」の意識は日本語の言語表現によく表れている。

人と人との交流には言語以外に非言語コミュニケーションがある。表情、視線、手振り身振り（ジェスチャー）、相手との距離空間などは非言語コミュニケーションの表現だ。それも日本の社会と関わっている。例えば、島国の日本は湿気が高く、夏に汗で体がべとついているので、握手や抱擁の代わりに、お辞儀は一般的な挨拶の方法になっている。昔から身体接触が嫌われているようで、「触らぬ神に祟りなし」というのだ。

注释

（1） 万葉仮名：在平假名和片假名诞生前，古代日本人用汉字的音读和训读来记录日语的音节，这种记录法以《万叶集》为代表，所以称“万叶假名”，可分为借音假名（如：由岐＝ゆき［雪］）和借训假名（如：鴨＝かも）。

（2） 藤原貴族：始祖中臣镰足（614 年—669 年）推行大化改新有功，天智天皇赐姓藤原。其子藤原不比等（659 年—720 年）起草了《大宝律令》，并开始与皇族联姻。此后直到 9 世纪下半叶，藤原家族的族长一直担任摄政关白之职，操纵朝政。

（3） 上方：江户时代，因天皇居住在京都，所以，日本人把以大坂（今大阪）、京都为中心的近畿一带称为“上方”。

（4） 言文一致運動：明治、大正年间，二叶亭四迷、尾崎红叶、幸田露伴、森鸥外、正冈子规、夏目漱石等文学家采用言文一致体创作文学作品。昭和时代，论文、学术专著也改为口语体，但公用文、法令、圣旨等仍用文语体（候文和汉文）书写。1946 年，日本才彻底取消文语体。

（5） KY 式日本語：它由来于「空気読めない（不识时务）」，是由「空気」和「読めない」的首个罗马字合成的简略语。类似的表达有：AM（後でまたね）、HD（暇だから電話する）、IW（意味分からない）……

練習九

1.　次の漢字に振り仮名を付けなさい。

触らぬ神に祟りなし、漢字仮名交り文、手振り身振り、言文一致運動、文字、ら抜き言葉、万葉仮名、集団意識、身体接触、生活基盤、能力検定、婉曲表現、言葉遣い、熟字訓、床の間、謙譲語、美化語、上方語、遠回し、共通語、湿気、尊敬語、発祥、漢音、楷書、草書、敬体、本音、建前、島国

2.　次のＡＢＣＤから適当なものを一つ選んで（　）に書き入れなさい。

(1)「ググる」は「(　　)で検索する」という意味の俗语だが、「Web 検索する」という意味での用例も広まっている。

A google　　B yahoo　　C Tencent　　D baidu

(2) 事務員は社外の人に向かって「社長の○○」と呼び、「○○社長」はビジネスの礼儀に適わない。それは社長が（　　）の人だという意識が働くわけだ。

A ソト　　B ウチ　　C 上司　　D 部外者

(3) 日本語の文末表現には「～だろうと思われる」というように（　　）を避けることが好まれる。

A 受身表現　　B 推量表現　　C 断定　　D 婉曲表現

(4) 天皇に対しては「陛下」、その顔を「竜顔」、身体を「玉体」、外出を「行幸」という。そんな特別な敬語は身内かどうかを問わないで、(　　)という。

A 丁重語　　B 二重敬語　　C 相対敬語　　D 絶対敬語

(5) 神道では言葉そのものに霊力が宿ると信じられている。それは（　　）という。

A 言霊信仰　　B 呪い　　C 呪詛　　D 呪い返し

(6)「83」は「破産」に連想され、（　　）がよくない。

A 建前　　B 忌み　　C 言霊　　D 縁起

(7) 結婚披露宴のスピーチでは、(　　) を使ってはいけないので、「終わる」と言う言葉は「お開きとさせていただく」と言い換える。

A 忌み言葉　　B 縁起言葉　　C 俗語　　D 隠語

(8)「私って、太ってる？」と聞かれたら、本音では答えられない。「太ってないよ。可愛いよ。」と（　）で答える。

A 本音　　B 建前　　C 挨拶　　D 相槌

(9) 踵の上にお尻を乗せる（　）は、中国から日本に伝わったそうだが、中国では宋代以後に椅子が普及され、その伝統が消えてしまった。

A 上座　　B 下座　　C 正座　　D 胡坐

(10) 社会言語学者は､言語と（　）を分けることができないと考えている。

A 形態論　　B 統語論　　C 心理学　　D 社会

3.　次の質問に答えなさい。

(1) 中国語の漢字が日本語の文字成立における役割を述べてください。

(2) 菅原道真が主張していた漢文と藤原時平が主張していた和歌を例にして、平安時代の漢文化と国風文化が朝政とどう関わっているか、調べてください。

(3) 言文一致運動が現代日本語の成立における役割を述べてください。

(4) 敬語と日本のタテ社会との関係を述べてください。

(5)「です・ます」と「だ・である・動詞の辞書形」のように、対になっている話し言葉と書き言葉をまとめてください。

第十章　文学

一　昔話

昔話は長い歴史を通して、世代を重ねて語り伝えられてきた伝承文芸の一つで、地域の風土に根ざし、方言で話し伝えられてきた昔の話だ。それは子どもの楽しみであるとともに、人として生きる規範を学ぶ場でもある。

日本の昔話は数が多いが、モチーフの視点から分ければ、次のように見えてくる。

1、動物の恩返し

動物の恩返しというモチーフの昔話には日本人の恩返し心理が潜んでいるようだ。話し手は主人公の動物を通して、聞き手の子どもに恩返し思想を教えている。この種類の昔話として、『鶴の恩返し』『蛙の恩返し』『猫の恩返し』『白鳥の恩返し』『舌切りの雀』がよく知られている。もちろん、一つの昔話には二つ以上のモチーフが含まれている場合があり、『舌切りの雀』は「隣の爺さん」型のバリエーションとしても解釈できる。また、救助された動物は少女に変身して、恩人が独身の若者だったら結婚してもらい、恩人が年配者だったら、娘の身分で勤労して謝恩する。結婚する場合には、異類婚姻譚とも解釈される。

2、異類婚姻譚

異類婚姻譚は動物か仙人かお化けと人間との結婚を主題にした婚姻譚

の一つだ。だいたい「援助→来訪→共棲→労働→破局→別離」という流れで話していく。つまり、誰かが救助されて、人間の形にして援助者の家に来訪し、援助者と共棲して、労働で恩返し、最後に正体が見られて、破局して別離してしまう。この異類婚の昔話は、中国では『狐女房』『白蛇伝』『七夕伝説』、日本では『天人女房』『龍宮女房』『蛤女房』『蛇女房』がよく知られている。

『天人女房』は羽衣物語としても語られ、天女が白鳥など鳥の形をとっている例が多く、「白鳥処女伝説」とも呼ばれる。天の世界から降りてきた天女が、衣を脱いで水浴びをしている。それを見た男がある天女の衣を隠す。衣を失った天女は空を飛ぶことができなくなる。天女は男の妻になり、子どもを産む。のちに子どもが歌っている歌で衣のありかを知り、天女はその衣を着て天に帰る。このあとが「難題婿」の形を取り、七夕の由来譚になっている類話も多い。男は天まで伸びる不思議な植物を育てて、天上の妻のところへ行く。妻の父親から難題を課せられる。妻の助言で果たすが、最後に瓜の切り方を誤り、瓜から流れ出した水が天の川になる。天女と男は7月7日に年に一度だけしか会えないことになる。天女は織女星、男は牽牛星だという。

これは、異類との結婚には困難が伴うと若者に説教しているようだ。

3、難題求婚譚

難題求婚譚は「求婚→難題提出→難題解決→求婚の結果」という流れで話される。求婚者はだれかの助けのもとで、女性側が出してくれた難題を解決すれば、縁が結ばれ、場合には王になる。難題は成人、或いは成王の試練になる。逆に、難題を解決できなければ、求婚が失敗になる。

『竹取物語』を例として言えば、かぐや姫は求婚者の石作りの皇子には「仏の御石の鉢」、庫持の皇子には「蓬莱の玉の枝」、右大臣阿倍御主人には「火鼠のかわごろも」、大伴の大納言には「竜の首の玉」、中納言石上麻呂には「燕の産んだ子安貝」をそれぞれ所望した。5人の皇子・貴公子はいろいろ画策したが、いずれも失敗に終わった。これは難題求婚の失敗譚の一例だ。

4、英雄異常誕生譚

日本では、英雄異常誕生譚は神話に遡ることができる。例えば、天照大神は父の伊邪那岐命の左目から生まれたのだ。神武天皇は海神玉依姫の子だ。昔話では、『桃太郎』は桃から生まれ、黍団子を食べて千人力になった。恐らく桃には鬼退治の力があるから、桃太郎は鬼ヶ島で鬼の大将を退治し、宝物を持ち帰ることができたのだ。また、『一寸法師』は親が神に願ってはじめて生まれた子だから、一寸の身でありながら、鬼を退治した。また、『かぐや姫』は月の世界から人間界の竹筒に流離され、竹取の翁に助けられたのだ。その恩返しとして、翁は竹取に行くたびに、竹の元で金が見つかり、長者になったのだ。

5、長者物語

昔話では、貧しい男の夢は長者になり、嫁を娶ることだ。炭焼きの男は、貧しくて長年山で炭焼きの仕事をしていた。『炭焼小五郎』は、主人公の小五郎が都会から来た女性と結婚して、山で金が多く見つかり、長者になったという長者物語だ。ほかに、代表的なのは『わらしべ長者』『文福茶釜』『大歳の客』『米問屋の御礼』などがある。

6、隣の爺さん

「隣の爺さん型」のモチーフの昔話はおそらく仏教の因果応報の思想に影響されている。いいお爺さんは果報を受け、隣の悪い爺さんは罰を受けたという話しだ。代表的なのは『瘤取り爺さん』『花咲か爺さん』『不思議な宝下駄』などがある。その隣の悪い爺さんという主人公は、『舌切り雀』の場合にはいいお爺さんの奥さんになる。それは昔話のバリエーションだ。

7、異境訪問物語

異境訪問物語の「異境」はどこにあるか。それは日本人の世界観に関わっている。日本神話では、その異境は高天原、黄泉の国、根の国だ。沖縄の人にとっては、異境はニライカナイ（海の彼方）だ。民間信仰においては、異境は龍宮、鬼ヶ島、山などだ。主人公は異境に行って、場合には『桃太郎』のように相手を屈服させて、他界からものを持ち帰る。場合には『浦島太郎』のように海に行って、海神の娘と楽しく暮らし、年齢を箱に封じて実家に帰る。

8、「見るな」のタブー

昔話では、主人公は相手に「見るな」と言われたら、かえって見たくなる。神でもお化けでも、その正体がばれたら、もう人間の姿で同棲できなくなり、来訪者が返ってしまう。山幸彦も『鶴の恩返し』の婆さんも浦島太郎も『蛤女房』の夫もみなその「見るな」のタブーを破った人だ。このモチーフは、話し手が聞き手に約束を守るべきだと教えていることだ。

二　物語

物語は特定の事柄の一部始終や古くから語り伝えられた話で、平安時代から鎌倉時代にかけて盛行した、仮名散文による虚構の創作文学だ。平安時代に、中国の『遊仙窟』『離魂記』などの伝奇小説の受容、仮名文字の普及により、虚構の物語文学が発生したのだ。物語を大きく分類すると、次のようだ。

1、作り物語

それは古来の民間伝承や漢文にみる伝奇などから発展した、虚構性・伝奇性の強い物語だ。『竹取物語』（作者知らず）はその代表作で、現存最古の物語だ。それは竹取の翁によって光り輝く竹の中から見出され、翁夫婦に育てられた少女かぐや姫を巡る奇譚だ。日本の小説史の始まりとなる作品で、後の作品に大きな影響を与えた。『竹取物語』は、かぐや姫の生い立ち、五人の貴公子と帝の求婚、月の世界への昇天という三部からなり、虚構と現実を統一したロマン性豊かな作品になっている。

なお、物語の集大成は『源氏物語』（五十四帖）で、それは作り物語と歌物語の系統を引いた長編の虚構物語だ。作者の紫式部は1005年—1013年の間に、一条天皇の中宮藤原彰子に仕え、その宮中生活をもとにして、1008年に世界で最初の長編小説『源氏物語』を書き上げたのだ。『源氏物語』には、様々な恋物語、多彩な登場人物、平安王朝の宮廷の様子、貴族たちの日常生活のほか、平安時代の信仰、社会、文化などが描かれている。『源氏物語』は三部構成で、第一部（「桐壺」から「藤裏葉」までの33帖）は光源氏が数多くの女性と恋愛を繰り広げつつ、王朝貴族として最高の栄誉を極める前半生を書いた。第二部（「若菜」から「幻」までの8帖）は愛情生活の破綻による無常を悟り、やがて出家を志した光源氏の後半生を書いた。第三部（「匂宮」から「夢浮橋」までの13帖）は光源氏没後の子孫たちの恋と人生を書いた。江戸時代の国学者本居宣長は『源氏物語玉の小櫛』において、この物語の本質を「もののあわれ」を写すところにあると指摘して以来、そうした評価が定着して今に至っている。

『源氏物語』はのちの日本文学に大きく影響を与えた。江戸時代の井原西鶴の『好色一代男』『好色一代女』にも、昭和時代の川端康成の『雪国』や谷崎潤一郎の『細雪』にもその跡を残している。

2、歌物語

それは特定の和歌を核として、その和歌にまつわって展開した叙情的な物語だ。『伊勢物語』（作者知らず）はその代表作で、情愛の美しさを巧みに表現した。

3、歴史物語

それは実際の歴史に基づいて物語風に書かれた作品だ。武士の台頭により、没落の運命を予感した貴族たちは華やかな昔の出来事を材料にして歴史物語を書いたのだ。『栄花物語』『大鏡』『今鏡』『水鏡』『増鏡』はその代表作だ。

4、軍記物語

平安末から室町時代にかけて書かれた、戦乱を主な題材として、ある時代の歴史を取り扱った物語だ。『保元物語』『平治物語』『平家物語』『太平記』はその代表作だ。

『平家物語』（作者知らず）は、鎌倉時代に成立したと思われる平家の栄華と没落を描いた軍記物語だ。それは平家一門の興亡を中心に、仏教的「諸行無常、盛者必衰」の因果観・無常観を基調に流麗な和漢混交文で描いた叙事詩風の作品だ。冒頭文は明らかに無常観の趣旨を示した。それは次のとおり：

祇園精舎の鐘の声，諸行無常の響きあり。

沙羅双樹の花の色，盛者必衰の理を現す。

奢れる者久からず，唯春の夜の夢の如し。

猛き者も遂には滅びぬ，偏に風の前の塵に同じ。

この無常観は、平安末期以来、現実の不安に対する懐疑に悩む人心が頼るべき唯一のものとして求めた仏教の中心をなす世界観だ。また、中世の謡曲や御伽草子、近世の浄瑠璃、歌舞伎、小説などに『平家物語』が多く取り入れられている。

5、説話物語

説話は民衆に仏教の教えを伝える手段として生み出された短編の物語で、仏を信じて僧侶に親切にすれば幸せになれるといった教えを、具体的な出来事で説いた文学作品だ。源隆国編の『今昔物語』はほとんど仏教や世俗の説話で、説話物語の代表作だ。第一巻から第五巻までは天竺（インド）、第六巻から第十巻までは震旦（中国）、第十一巻から第三十一巻までは本朝（日本）を舞台にした説話が収められている。芥川龍之介の『羅生門』『藪の中』『鼻』『芋粥』『偸盗』は『今昔物語』の説話を翻案・脚色した作品だ。

三　和歌・俳句

1、和歌

和歌は漢詩に対して、奈良時代までに発生した日本固有の詩歌だ。『万葉集』では長歌、短歌、旋頭歌、片歌などの総称だったが、後世、ほかの形式が廃れ、短歌をさすようになった。和歌は漢詩のように韻を踏まないが、音数律を守っている。それは次の通り：

長歌：5·7·5·7，……7·7

短歌：5·7·5·7·7

旋頭歌：5·7·7；5·7·7

片歌：5·7·5（多くは問答式）

例えば、次の和歌は万葉仮名で記録された、日本最初の歌で、5·7·5·7·7の音数になっている。

夜久毛多都　伊豆毛夜弊賀岐　都麻碁微爾　夜弊賀岐都久流　曾能夜弊賀岐袁［古事記］

それを日本語の漢字仮名交り文に直すと、次のように書く。

八雲立つ 出雲八重垣 妻籠みに 八重垣作る その八重垣を

その意味は「八岐大蛇にずっと脅えていた美しい姫を妻に迎え、これから二度と同じような想いはさせまいと誓いながら、愛する妻を護るために幾重にも重なる垣根を作って御殿を建てた。幾重にも重なるあの雲を見ていると、天からも守られているように感じる」となる。

『万葉集』（約759年成立）は20巻、約4,500首からなる。その編纂者は大伴家持らで、著名な歌人には額田王、柿本人麻呂、山部赤人、山上憶良、大伴旅人、大伴家持らがいる。収録された和歌は雑歌、相聞歌、挽歌などが多い。歌風の特色は素朴、素直、写実的、男性的で、修辞から見れば、枕詞・序詞・対句が多用されている。例えば、

あしひきの 山鳥の尾の しだり尾の 長々し夜を ひとりかも寝む（万叶集巻11・2,802首 柿本人麻呂）

「あしひきの」は「山」の枕詞で、「あしひきの山鳥の尾の垂り尾の」は序詞で、「長々し」を導き出す。「長々し」は山鳥の尾と夜に関わる掛詞だ。柿本人麻呂は雌雄の山鳥が谷を隔てて独り寝するという慣わしにより、山鳥の長く垂れ下がった尾のように長い（秋の）夜を、私も一人で眠るという寂しい気持ちを詠んだ。

『古今和歌集』（905年）は最初の勅撰和歌集で、20巻、約1,110首の和歌が収録されている。その歌集には仮名序、真名序がつけられ、序詞、掛詞、縁語など修辞的技巧に冴える。編纂者には紀友則、紀貫之らがいる。『古今和歌集』の和歌は春、夏、秋、冬、賀、離別、羇旅、物名、恋、哀傷、雑歌に分類される。歌風は優美で、技巧的な傾向が見られ

る。日本の国歌『君が代』（君が代は 千代に八千代に 細石の 巌となりて 苔の生すまで）は『古今和歌集』「詠み人知らず」に収録された歌だ。

『新古今和歌集』（1205年成立）は20巻、約1,980首あり、後鳥羽上皇の院宣により藤原定家らが編集した鎌倉初期の勅撰和歌集だ。その和歌は春歌、夏歌、秋歌、冬歌、賀歌、哀傷歌、離別歌、羇旅歌、恋歌、雑歌、神祇歌、釈教歌に分類され、芸術至上主義的、技巧的、絵画的、象徴的な歌が多い。

旅人の 袖吹き返す 秋風に 夕日寂しき 山のかけはし（羇旅・953首）

旅人は吹く秋風に袖を翻しながら、夕日が照らす山の桟道を寂しく通っていく。歌人藤原定家はこの歌で寂しい風情を詠んだ。

2、俳句

俳句は俳諧の発句（第一句目）が独立して、5·7·5の三句からなり、季語を含む定型詩だ。「俳諧の句」の略で、もとは連句の各句をも指したが、正岡子規（1867年—1902年）が「俳句」という用語を使ったから、定着したのだ。始めは滑稽な内容で機智的な表現をその特徴としていたが、俳聖である松尾芭蕉（1644年—1694年）は身近なものを素材にして、不易流行（不易：芸術的な価値の永遠性；流行：新しみを求めて変化を重ねていくこと）、幽玄閑寂を理念とした俳風を確立した。芭蕉の名句を例としてあげよう。

古池や 蛙飛び込む 水の音

夏草や 兵どもが 夢の跡

閑けさや 岩に染み入る 蝉の声

荒海や 佐渡に横たふ 天の川

塚も動け わが泣く声は 秋の風

与謝蕪村（1716年—1783年）は江戸俳諧中興の祖、俳画の創始者で、教養と美意識を高めることにより俗を去るという文人画家の理念を俳諧に適用し、自然美を歌いあげている。例えば、

菜の花や 月は東に 日は西に

愁ひつつ 岡に登れば 花いばら

小林一茶（1763年—1827年）は信濃国の農村で生まれ、幼いころから継母に虐待され、不満のうちに一生を送ったので、滑稽・諷刺・慈愛に富んだ俳句が多い。例えば、

我と来て　遊べや親の　ない雀

故郷や　寄るも触るも　ばらの花

明治時代に正岡子規は俳誌『ホトトギス』を発行し、写生的な俳句を詠んで、俳諧革新運動をリーダーした。夏目漱石が「凩や　海に夕日を　吹き落とす」という句を詠んだように、子規の新俳句は漱石にも影響を与えている。

四　日本文学の流れ

文字のない時代に、人々は祝詞や古代歌謡、神話、伝説などの口承文学を口から口へと語り伝えていた。四～五世紀ごろ、中国から漢字が伝わったことにより、日本人は漢字を用いて表記されるようになった。その後、大陸から伝わった漢字の音と日本語読みの訓を合わせ、「万葉仮名」が発明され、漢字は広く使われるようになった。

奈良時代の代表作品に『古事記』『日本書紀』『万葉集』がある。『古事記』（712年）は、語り部の稗田阿礼が天地の初めから推古天皇（554年—628年、初代の女性天皇）に至るまでの神話、伝説、歌謡、歴史を語って、太安万侶が記録した、日本では現存する最古の書物だ。『古事記』が神話や伝説を中心にして天皇家の正統性を主張する日本人向けの変体漢文に対して、『日本書紀』（720年）は歴史的な事実を中心に中国文化圏に向けて純粋な漢文で書かれた歴史書だ。

『万葉集』は奈良時代後期に大伴家持（718年—785年）らによって編集された、日本では現存する最古の歌集だ。奈良時代中期までに作られた歌、約4,500首が収められている。全20巻あり、天皇から一般の民衆まで、幅広い階級の人々の素朴な感情がいきいきと歌われている。その歌風はますらをぶりだと言われている。

平安時代に貴族が政治の実権を握り、貴族文化が栄え、仮名文字の発達により宮廷女流文化が花開いた。905年に日本初の勅撰和歌集『古今和歌集』が紀貫之らに編集された。技巧を凝らした優美な歌が好まれ、以後多くの歌人が活躍し、和歌が隆盛した。その歌風はたおやめぶりだと言われている。

平安時代の代表作に、物語としては『源氏物語』、随筆としては『枕草子』、日記文学としては『土佐日記』などがある。『源氏物語』は作り物語のところで紹介したので、ここで略す。『枕草子』は平安中期に清少納言に書き記された日本初の随筆だ。その内容を大別すると、類聚的な部分と日記的な部分と随想的な部分に分けられる。類聚的な部分は自然現象や精神内容に関して、作者の美的世界を体系的に分類したもので、日記的な部分は亡き中宮（定子）の思い出を綴ったものだ。随想的な部分は作者が困窮と孤独の晩年を送りながら、自然や人生に寄せた感想の集録だと見なされる。『土佐日記』は仮名によって書かれた日本初の日記文学で、平安時代女流仮名文学の先駆けとなった。この日記の特徴は冒頭文に示した通り、本当は男性の作者が女性の筆に仮託して書いた点にある。紀貫之（872年—945年、歌人、土佐の守）は異郷で亡くした愛児を偲びながら、貫之自身の切々たる感情をもとに『土佐日記』を書いたのだ。

鎌倉、室町時代に、武士が政治経済上の実権を握って、全国に戦乱が絶えなかった。無常観が不安定な世の中を反映して人々の心に根付き、文学にも大きな影響を及ぼした。仏教の無常観をもとに武士の姿を描いた軍記物語がこの中世文学の大きな特色である。

中世文学の代表作には『平家物語』(鎌倉時代初期)、『方丈記』(1212年)、『徒然草』（1330年—1331年）、『新古今和歌集』（鎌倉時代初期）などがある。『平家物語』は軍記物語のところで、『新古今和歌集』は和歌のところでそれぞれ紹介したので、ここで略す。『方丈記』は、鴨長明が晩年日野（京都市伏見区）に構えた方丈（約3M四方）の庵での閑居生活のさまと心境を和漢混淆文で記した随筆だ。『徒然草』は鎌倉時代後期に吉田兼好が書いた随筆だ。「つれづれなるままに…」に始まる小序のほか243段からなる。内容は人生論、仏教信仰論、人間観、女性論、住居論、趣味論、自然観照を綴った随想、奇譚の類、物語的な小文、備忘録的な雑記など多岐にわたっている。

江戸時代に、木版印刷の発達などもあり、本屋が誕生し、絵草子などの出版で繁盛し、町人文化が栄えた。江戸前期には、上方（京都・大阪）を中心に文学が発達した。俳諧は松尾芭蕉によって芸術性豊かな文芸に高められ、小説では町人の生活を題材に井原西鶴が書いた浮世草子が流行した。歌舞伎の代表的な劇作家には近松門左衛門がいた。江戸時代後期には文化の中心は次第に江戸に移っていた。芭蕉の没後衰えていた俳諧は、与謝蕪村によって復興され、小林一茶も活躍していた。川柳や狂歌も庶民の間で流行した。小説では、上田秋成・滝沢馬琴らの読本、十返舎一九・式亭三馬らの滑稽本などが人気を得た。学問では、儒学、国学、蘭学などが盛んになった。

明治維新から大正時代の終わりまで、社会が急激に変化し、文学も西欧の様々な影響を受け、写実主義の作品が発表された。明治維新後期からは、自然主義、反自然主義、白樺派や新現実主義など、多様化する。

明治初めに、福沢諭吉が西欧の思想や文化を紹介した。やがて自由民権運動が高まり、政治小説が流行した。坪内逍遥の『小説神髄』は日本近代文学理論史上最初の写実主義の道標だと見られ、二葉亭四迷は坪内の理論で言文一致で『浮雲』を書いた。近代日本文学はここに出発した。明治二十年代、擬古典主義の「紅露時代」に「硯友社」の尾崎紅葉は『金色夜叉』『多情多恨』、幸田露伴は『五重塔』を書いた。

自然主義文学者としては、島崎藤村（1872年—1943年）は国際にも知られている。彼は明治学院大学の一期生で、校歌の作詞者、国際ペンクラブ日本支部の創立者で、初任会長で、日本自然主義の先駆けだ。島崎藤村の『破戒』（1906年）の出現によって自然主義文学はほぼ確立し、田山花袋の『蒲団』（1907年）の成功によって決定的となった。自然主義の徹底した傍観的態度は現実暴露の悲哀を感じさせるだけの無解決の文学であったために、1910年には運動の頂点を超えた。自然主義文学はその後の心境

(8) 日本初のノーベル文学賞受賞者は（　）だ。

A 川端康成　　B 大江健三郎　　C 夏目漱石　　D 村上春樹

(9)『暗夜行路』の作家は（　）だ。

A 谷崎潤一郎　　B 武者小路実篤　C 志賀直哉　　D 有島武郎

(10)『羅生門』の作家は（　）だ。

A 島崎藤村　　B 武者小路実篤　C 小林多喜二　D 芥川龍之介

3. 次の質問に答えなさい。

(1) モチーフの視点から日本の昔話や神話を分類してみてください。

(2)『竹取物語』にはかぐや姫の異境来訪と飛天、貴公子に関する難題求婚、死と富士山の由来が書いてある。そこにはいくつかのモチーフが重なっている。モチーフで『竹取物語』を解読してみてください。

(3) 平安初期、漢詩に長ける右大臣菅原道真は大宰府に流され、和歌に長ける左大臣藤原時平は紀貫之らに『古今和歌集』を編集させ、仮名文学をはじめとする和風文化が隆盛になった。仮名文学の隆盛と平安朝廷の政治闘争との関係を説明してみてください。

(4) 語り部が語る神話などの口承文学は、祭りなどと関わっているが、それは文字で記録されたら、固定される。『古事記』以前の生きている神話の生態を考えてみてください。

(5) 日本近・現代文学史において、有島武郎、川端康成、三島由紀夫、芥川龍之介、太宰治などの作家が多くいるが、作家の生活苦や死生観を調べて、自分の意見を述べてください。

答え

練習一

1. 次の漢字に振り仮名を付けなさい。

国土(こくど)、島国(しまぐに)、隣国(りんごく)、帰省(きせい)、下町(したまち)、風情(ふぜい)、首里城(しゅりじょう)、東海道(とうかいどう)、琵琶湖(びわこ)、瀬戸内海(せとないかい)、梅雨(つゆ)、雪崩(なだれ)、紅葉(もみじ)、皇居(こうきょ)、銀座(ぎんざ)、津波(つなみ)、老舗(しにせ)、秋葉原(あきはばら)、東大寺(とうだいじ)、近畿(きんき)、箱根(はこね)、龍安寺(りょうあんじ)、金閣寺(きんかくじ)、遣唐使(けんとうし)、震災地(しんさいち)、心斎橋(しんさいばし)、行方不明(ゆくえふめい)、唐招提寺(とうしょうだいじ)、琉球王国(りゅうきゅうおうこく)、八重山諸島(やえやましょとう)

2. 次のＡＢＣＤから適当なものを一つ選んで（　）に書き入れなさい。

(1) D (2) A (3) B (4) C (5) A (6) A (7) D (8) B (9) D (10) C

3. 次の質問に答えなさい。

略

練習二

1. 次の漢字に振り仮名を付けなさい。

横浜(よこはま)、京浜(けいひん)、阪神(はんしん)、近畿(きんき)、渋谷(しぶや)、沖縄(おきなわ)、信濃川(しなのがわ)、利根川(とねがわ)、琵琶湖(びわこ)、心斎橋(しんさいばし)、道頓堀(どうとんぼり)、神奈川県(かながわけん)、衛星都市(えいせいとし)、津軽海峡(つがるかいきょう)、関門海峡(かんもんかいきょう)、北陸地方(ほくりくちほう)、山陰地方(さんいんちほう)、瀬戸内海(せとないかい)、卸売(おろしうり)、地盤(じばん)、鉄鋼(てっこう)、問屋(とんや)、大陸棚(たいりくだな)、陶磁器(とうじき)、西陣織(にしじんおり)、貨物船(かもつせん)、新幹線(しんかんせん)、七夕祭り(たなばたまつり)、成田空港(なりたくうこう)、羽田空港(はねだくうこう)

2. 次のＡＢＣＤから適当なものを一つ選んで（　）に書き入れなさい。

(1) B (2) C (3) D (4) C (5) B (6) C (7) D (8) B (9) A (10) B

3. 次の質問に答えなさい。

略

練習三

1. 次の漢字に振り仮名を付けなさい。

世界保健機構（せかいほけんきこう）、東日本大地震（ひがしにほんだいじしん）、京都議定書（きょうとぎていしょ）、共同通信社（きょうどうつうしんしゃ）、生涯未婚率（しょうがいみこんりつ）、格差（かくさ）、国勢調査（こくせいちょうさ）、株式会社（かぶしきがいしゃ）、定年退職（ていねんたいしょく）、年功序列（ねんこうじょれつ）、夫婦別姓（ふうふべっせい）、販売報道（はんばいほうどう）、年俸制（ねんぽうせい）、平社員（ひらしゃいん）、核家族（かくかぞく）、村八分（むらはちぶ）、出生率（しゅっしょうりつ）、晩婚化（ばんこんか）、中毒症（ちゅうどくしょう）、喘息病（ぜんそくびょう）、酸性雨（さんせいう）、売上高（うりあげだか）、書店街（しょてんがい）、本家（ほんけ）、家元（いえもと）、親藩（しんぱん）、譜代（ふだい）、上座（かみざ）、下座（しもざ）、国連（こくれん）

2. 次のＡＢＣＤから適当なものを一つ選んで（　）に書き入れなさい。

(1) D (2) B (3) D (4) B (5) B (6) A (7) D (8) A (9) B (10) A

3. 次の質問に答えなさい。

略

練習四

1. 次の漢字に振り仮名を付けなさい。

人生儀礼（じんせいぎれい）、冠婚葬祭（かんこんそうさい）、還暦（かんれき）、年中行事（ねんちゅうぎょうじ）、晴れ着（はれぎ）、初詣（はつもうで）、門松（かどまつ）、鏡餅（かがみもち）、大晦日（おおみそか）、除夜の鐘（じょやのかね）、紅白歌合戦（こうはくうたがっせん）、雛祭り（ひなまつり）、端午の節句（たんごのせっく）、縁起物（えんぎもの）、盂蘭盆（うらぼん）、祖先供養（そせんくよう）、帰省（きせい）、浴衣（ゆかた）、精進料理（しょうじんりょうり）、無形文化遺産（むけいぶんかいさん）、漆器（しっき）、醸造酒（じょうぞうしゅ）、清酒（せいしゅ）、盃（さかずき）、自動販売機（じどうはんばいき）、高床式建築（たかゆかしきけんちく）、五穀豊穣（ごこくほうじょう）、抹茶（まっちゃ）、床の間（とこのま）、表千家（おもてせんけ）

2. 次のＡＢＣＤから適当なものを一つ選んで（　）に書き入れなさい。

(1) A (2) B (3) C (4) D (5) D (6) C (7) C (8) A (9) C (10) C

3. 次の質問に答えなさい。

略

練習五

1. 次の漢字に振り仮名を付けなさい。

聖徳太子（しょうとくたいし）、桓武天皇（かんむてんのう）、源頼朝（みなもとのよりとも）、足利尊氏（あしかがたかうじ）、後醍醐天皇（ごだいごてんのう）、織田信長（おだのぶなが）、豊臣秀吉（とよとみひでよし）、徳川家康（とくがわいえやす）、西郷隆盛（さいごうたかもり）、廃藩置県（はいはんちけん）、殖産興業（しょくさんこうぎょう）、鎌倉幕府（かまくらばくふ）、摂政（せっしょう）、関白（かんぱく）、福沢諭吉（ふくざわゆきち）、参勤交代（さんきんこうたい）、大名（だいみょう）、座禅（ざぜん）、武士（ぶし）、公家（くげ）、平清盛（たいらのきよもり）、正倉院（しょうそういん）、城下町（じょうかまち）、倭寇（わこう）、律令（りつりょう）、空海（くうかい）、最澄（さいちょう）、栄西（えいさい）、明治維新（めいじいしん）、中日甲午戦争（ちゅうにちこうごせんそう）、抗日戦争（こうにちせんそう）

2. 次のＡＢＣＤから適当なものを一つ選んで（　）に書き入れなさい。

(1) D (2) A (3) B (4) C (5) A (6) A (7) B (8) D (9) C (10) B

3. 次の質問に答えなさい。

略

練習六

1. 次の漢字に振り仮名を付けなさい。

内閣総理大臣（ないかくそうりだいじん）、国際通貨基金（こくさいつうかききん）、文部科学省（もんぶかがくしょう）、社会主義（しゃかいしゅぎ）、共産主義（きょうさんしゅぎ）、軍事基地（ぐんじきち）、姉妹都市（しまいとし）、市場経済（しじょうけいざい）、資本主義（しほんしゅぎ）、衆議院（しゅうぎいん）、参議院（さんぎいん）、外務省（がいむしょう）、財務省（ざいむしょう）、裁判所（さいばんしょ）、自民党（じみんとう）、共産党（きょうさんとう）、公明党（こうめいとう）、自衛権（じえいけん）、自衛隊（じえいたい）、元号（げんごう）、令和（れいわ）、同盟（どうめい）、国連（こくれん）、条約（じょうやく）、綱領（こうりょう）、納税（のうぜい）、保障（ほしょう）、憲法（けんぽう）、国会（こっかい）、首相（しゅしょう）

2. 次のＡＢＣＤから適当なものを一つ選んで（　）に書き入れなさい。

(1) D (2) A (3) B (4) D (5) B (6) A (7) C (8) B (9) C (10) D

3. 次の質問に答えなさい。

略

練習七

1. 次の漢字に振り仮名を付けなさい。

東京証券取引所（とうきょうしょうけんとりひきじょ）、世界貿易機関（せかいぼうえききかん）、非正規雇用（ひせいきこよう）、貿易摩擦（ぼうえきまさつ）、就活（しゅうかつ）、終身雇用（しゅうしんこよう）、年功序列（ねんこうじょれつ）、厚生年金（こうせいねんきん）、不良債権（ふりょうさいけん）、派遣社員（はけんしゃいん）、三菱商事（みつびししょうじ）、三井物産（みついぶっさん）、公定歩合（こうていぶあい）、医療費（いりょうひ）、出生率（しゅっしょうりつ）、窓際族（まどぎわぞく）、人件費（じんけんひ）、積立金（つみたてきん）、働き蜂（はたらきばち）、外貨（がいか）、春闘（しゅんとう）、残高（ざんだか）、関税（かんぜい）、発足（ほっそく）、東芝（とうしば）、株主（かぶぬし）、福祉（ふくし）、寿命（じゅみょう）、介護（かいご）、保険（ほけん）

2. 次のＡＢＣＤから適当なものを一つ選んで（　）に書き入れなさい。

(1) D (2) A (3) C (4) D (5) A (6) B (7) C (8) A (9) C (10) D

3. 次の質問に答えなさい。

略

練習八

1. 次の漢字に振り仮名を付けなさい。

学習指導要領（がくしゅうしどうようりょう）、独立行政法人（どくりつぎょうせいほうじん）、専門職学位（せんもんしょくがくい）、文部科学省（もんぶかがくしょう）、必修教科（ひっしゅうきょうか）、試験科目（しけんかもく）、学校法人（がっこうほうじん）、義務教育（ぎむきょういく）、受験勉強（じゅけんべんきょう）、職業訓練（しょくぎょうくんれん）、文系学科（ぶんけいがっか）、総合科目（そうごうかもく）、奨学金（しょうがくきん）、寺子屋（てらこや）、不登校（ふとうこう）、幼稚園（ようちえん）、大学院（だいがくいん）、志望校（しぼうこう）、受給者（じゅきゅうしゃ）、学力（がくりょく）、進学（しんがく）、学士（がくし）、修士（しゅうし）、博士（はかせ）、講義（こうぎ）、審査（しんさ）、応募（おうぼ）、推薦（すいせん）、学費（がくひ）、専攻（せんこう）

2. 次のＡＢＣＤから適当なものを一つ選んで（　）に書き入れなさい。

(1) B (2) A (3) D (4) D (5) A (6) B (7) B (8) B (9) C (10) D

3. 次の質問に答えなさい。

略

練習九

1. 次の漢字に振り仮名を付けなさい。

触（さわ）らぬ神（かみ）に祟（たた）りなし、漢字仮名交（かんじかなま）じり文（ぶん）、手振（てぶ）り身振（みぶ）り、言文一致運動（げんぶんいっちうんどう）、文字（もじ）、ら抜（ぬ）き言葉（ことば）、万葉仮名（まんようがな）、集団意識（しゅうだんいしき）、身体接触（しんたいせっしょく）、生活基盤（せいかつきばん）、能力検定（のうりょくけんてい）、婉曲表現（えんきょくひょうげん）、言葉遣（ことばづか）い、熟字訓（じゅくじくん）、床（とこ）の間（ま）、謙譲語（けんじょうご）、美化語（びかご）、上方語（かみかたご）、遠回（とおまわ）し、共通語（きょうつうご）、湿気（しっき）、尊敬語（そんけいご）、発祥（はっしょう）、漢音（かんおん）、楷書（かいしょ）、草書（そうしょ）、敬体（けいたい）、本音（ほんね）、建前（たてまえ）、島国（しまぐに）

2. 次のＡＢＣＤから適当なものを一つ選んで（　）に書き入れなさい。

(1) A (2) B (3) C (4) D (5) A (6) D (7) A (8) B (9) C (10) D

3. 次の質問に答えなさい。

略

練習十

1. 次の漢字に振り仮名を付けなさい。

昔話（むかしばなし）、恩返（おんがえ）し、遡（さかのぼ）る、退治（たいじ）、娶（めと）る、炭焼（すみや）き、万葉仮名（まんようがな）、白樺派（しらかばは）、登竜門（とうりゅうもん）、浦島太郎（うらしまたろう）、万葉集（まんようしゅう）、源氏物語（げんじものがたり）、竹取物語（たけとりものがたり）、平家物語（へいけものがたり）、今昔物語（こんじゃくものがたり）、方丈記（ほうじょうき）、徒然草（つれづれぐさ）、細雪（ささめゆき）、人間失格（にんげんしっかく）、清少納言（せいしょうなごん）、紫式部（むらさきしきぶ）、松尾芭蕉（まつおばしょう）、井原西鶴（いはらさいかく）、川端康成（かわばたやすなり）、谷崎潤一郎（たにざきじゅんいちろう）、夏目漱石（なつめそうせき）、芥川龍之介（あくたがわりゅうのすけ）、島崎藤村（しまざきとうそん）、森鴎外（もりおうがい）、志賀直哉（しがなおや）

2. 次のＡＢＣＤから適当なものを一つ選んで（　）に書き入れなさい。

(1) B (2) C (3) A (4) D (5) B (6) D (7) A (8) A (9) C (10) D

3. 次の質問に答えなさい。

略

付録

日本の年中行事

日语名	汉语名	时间	节日活动简介
元日（がんじつ）	元旦	1 月 1 日	早餐吃年糕汤，吃“御节料理”（节日菜肴）。元旦一般休假 5~7 天。初次参拜神社、寺庙。门前摆门松
成人の日（せいじんのひ）	成人节	1 月第二个星期一	18 岁为成年。这一天凡年满 18 岁的青年都身着盛装去参加成人庆祝仪式，这一天开始具备履行法律的权利和义务
建国記念の日（けんこくきねんのひ）	建国纪念日	2 月 11 日	根据日本神话，以公元前 660 年 2 月 11 日神武天皇（第一代天皇）登基日为纪念日
天皇誕生日（てんのうたんじょうび）	天皇生日	2 月 23 日	来自德仁天皇的生日 1960 年 2 月 23 日
ひな祭り（まつり）	女孩节	3 月 3 日	祈求女孩健康成长并获得幸福
春分の日（しゅんぶんのひ）	春分	3 月 20 日或 21 日	旧称“春季皇灵祭”，是天皇春季祭祖的日子，日本人在这一天进行扫墓活动，祭祀祖先
御柱祭り（おんばしらまつり）	御柱节	4 月 2 日—6 月 15 日	长野县諏访神社在寅年和申年举行的立神柱活动，是日本三大奇祭之一

（续表）

日语名	汉语名	时间	节日活动简介
昭和の日（しょうわ ひ）	昭和之日	4 月 29 日	昭和天皇的生日，为了“经历了动荡的岁月，回顾实现了复兴的昭和时代，思考国家的未来”，根据《国民节日法》，2007 年制定的节日
憲法記念日（けんぽう きねんび）	宪法纪念日	5 月 3 日	纪念 1947 年 5 月 3 日实行《日本国宪法》
緑の日（みどり ひ）	绿色节	5 月 4 日	免费开放国立、公立公园。各地举办热爱自然的活动
子供の日（こども ひ）	男孩节	5 月 5 日	旧时称为“端午节”，现作为男孩子的节日，祝愿男孩子茁壮成长，有男孩子的家庭悬挂布制大鲤鱼旗，门上挂菖蒲叶，吃糕团粽子
神田祭（かんだ まつり）	神田祭	奇数年距 5 月 15 日最近的周六和周日	游行队伍抬着神轿，穿过东京的神田、日本桥、大手町、丸之内等东京都中心区的祭祀活动。日本三大节庆活动之一
三社祭（さんじゃまつり）	三社祭	5 月第三周的星期五至星期日	东京都台东区浅草神社举办的东京最大的传统祭祀庆典活动。在祭祀活动上，人们身穿江户时代的服饰，抬着“神舆”庆祝“三社祭”。三社指：阿弥陀如来、观世音菩萨、势至菩萨
祇園祭（ぎおんまつり）	祇园祭	7 月 1 日—31 日	京都八坂神社举行的祭祀活动，16 日在八坂神社上演日本舞蹈、石见神乐等传统艺能表演。17 日 9 时花车从四条乌丸开始游行。日本三大节庆活动之一
天神祭（てんじんまつり）	天神祭	7 月 24 日—25 日	大阪天满宫举行的日本三大节庆活动之一，活动有“陆渡御”“船渡御”花火表演、女人抬神轿等

（续表）

日语名	汉语名	时间	节日活动简介
うみ ひ 海の日	海洋日	7月的第三个星期一	感谢海洋的恩惠，祈求日本繁荣，普及海洋环保和安全知识
かんとう 竿燈	竿灯节	8月3日—6日	为祈求五谷丰登的节庆活动，是秋田县具有代表性的夏季节日
まつ ねぶた祭り	大灯笼节	青森：8月2日—7日；弘前：8月1日—7日	主要在青森和弘前市举行。人们将用竹子或木头做成骨架的花灯放到花车上沿街游行
たなばた 七夕	七夕	8月6日—8日	仙台七饰：用纸做的短册、和服、鹤、小口袋、渔网、篓筐、绣球
やま ひ 山の日	登山节	8月11日	亲近自然，感谢山的恩惠
あ わ おど 阿波踊り	阿波舞蹈	8月12日—15日	舞者在德岛县德岛市市内一带踏着大鼓、钲、三味线、笛子的节拍，男女分别组成方阵，沿街游行
ぼん お盆	盂兰盆节	8月13日—16日	13日举行“迎え火”（迎祖先），16日举行“送り火”（送祖先），用茄子、黄瓜当祖先的座驾。很多人回乡上坟，在寺庙跳起盂兰盆舞
つき み 月見	赏月	农历8月15日	各家准备丸子、季节性水果等物品，摆在窗边供奉月亮，并举行赏月活动
けいろう ひ 敬老の日	敬老节	9月的第三个星期一	为表示对社会作出贡献的老人的尊重，并祝愿他们健康长寿，向老人赠送纪念品
しゅうぶん ひ 秋分の日	秋分	9月22日—24日	旧称“秋季皇灵祭”，是天皇秋季祭祖的日子。民间也在这一天祭祀祖先，缅怀先人
たいいく ひ 体育の日	体育节	10月的第二个星期一	为纪念1964年10月10日举办的东京奥运会而设立的节日。秋季运动会也在这一天举行
かみありさい 神在祭	神在祭	农历10月	全日本上下大小神灵聚集于岛根县出云大社召开名为“神议”的会议

（续表）

日语名	汉语名	时间	节日活动简介
酉の市（とりのいち）	酉市	11月酉日	鹫神社、酉寺、大鸟神社等举办的活动，以销售竹耙吉祥物为主，东京浅草鹫神社的酉市规模最大
文化の日（ぶんかのひ）	文化节	11月3日	来自明治天皇的生日，旧称“明治节”。现在是作为向科学、文化事业上有突出贡献的人授“文化勋章”的日子
七五三（しちごさん）	七五三节	11月15日	为3岁和7岁的女孩、3岁和5岁的男孩过的节日
勤労感謝の日（きんろうかんしゃのひ）	劳动感谢节	11月23日	旧称“新尝祭”，是天皇品尝新米祭祖的日子。这一天也是尊重劳动、庆祝生产的日子
クリスマス	圣诞节	12月25日	在圣诞夜与家人或男、女朋友互换圣诞礼物、一起享受丰盛的圣诞大餐